12가지 패턴으로 이해할 수 있는
더 이상 잊어버리지 않는 세계사

역사의 흐름이  머릿속에 쏙쏙!

# 12가지 패턴으로
## 이해할 수 있는
## 더 이상 잊어버리지 않는
# 세계사

야마모토 나오토 지음 | 정문주 옮김

시그마북스

**12가지 패턴으로 이해할 수 있는
더 이상 잊어버리지 않는 세계사**

**발행일** 2025년 12월 8일 초판 1쇄 발행
**지은이** 야마모토 나오토
**옮긴이** 정문주
**발행인** 강학경
**발행처** 시그마북스
**마케팅** 정제용
**에디터** 최윤정, 최연정, 양수진
**디자인** 강경희, 정민애, 김문배

**등록번호** 제10-965호
**주소** 서울특별시 영등포구 양평로 22길 21 선유도코오롱디지털타워 A402호
**전자우편** sigmabooks@spress.co.kr
**홈페이지** http://www.sigmabooks.co.kr
**전화** (02) 2062-5288~9
**팩시밀리** (02) 323-4197
**ISBN** 979-11-6862-429-0 (03900)

REKISHI NO NAGARE GA PAPATTO ATAMA NI HAIRU !
12 NO PATTERN DE RIKAI DEKIRU MO WASURENAI SEKAISHI
©Naoto Yamamoto 2024
First published in Japan in 2024 by KADOKAWA CORPORATION, Tokyo.
Korean translation rights arranged with KADOKAWA CORPORATION,
Tokyo through ENTERS KOREA CO., LTD.

이 책의 한국어판 번역권은 ㈜엔터스코리아를 통한 저작권사와의 독점 계약으로 **시그마북스**에 있습니다.
저작권법에 의해 한국 내에서 보호를 받는 저작물이므로 무단전재와 복제를 금합니다.

파본은 구매하신 서점에서 교환해드립니다.

* **시그마북스**는 ㈜시그마프레스의 단행본 브랜드입니다.

## 프롤로그

세계사를 암기과목이라고 생각하는 사람이 많이 줄어든 덕에 나 같은 세계사 강사가 조금은 살기 쉬워졌다. 하지만 세상에는 아직도 '세계사 = 암기'라고 보는 시선이 남아 있다.

솔직히 **암기 없이는 세계사를 즐기기가 어렵다.** '오호, 그러면 그렇지……' 라고 생각할지도 모르겠다. 하지만 지리·역사 과목만 그런 것은 아니다. 국어, 영어, 심지어 수학도 '외워야 할 내용'이 산더미다. 예를 들어, '피타고라스의 정리'를 모르고서 도형 문제를 풀기란 거의 불가능하다.

"아무리 그래도 세계사는 외울 게 너무 많잖아?"라고 되물을 수도 있다. 그건 그렇다. 그렇게 생각하는 게 당연하다. 세계사 교과서는 다른 과목보다 두껍고, 대상 범위도 전 세계니까 말이다. 그래서 사람들은 '세계사 공부 좀 해 볼까!' 하다가도 이내 망설이고 만다.

또 **이른바 '어른들을 위한, 다시 배우는 세계사' 같은 책을 읽어도 이해가 되지 않아 나가떨어질 때도 많다.** 세계사를 가르치는 사람으로서 이런 상황을 어떻게 바꾸어야 할지 고민한 결과 나는 이 책을 세상에 내놓게 되었다.

학원강사로서 수험생들을 접하면서 내 오랜 고민은 '아이들이 **이 말의 정의를 제대로 이해하고 있을까?**', '용어를 외우는 데만 정신이 팔려 **역사의 패턴과 법칙성을 소홀히 여기지는 않을까?**' 하는 점이었다. 나는 여행사 직원으로 일하다가 학원강사로 이직했다. 그 과정에서 세계사를 배운, 이른바 '늦깎이'다. 방대한 지식을 자연스럽게 내 것으로 만들기 위해 정보를 어떻게 정리하고 기억할지, 말하자면 체계화할 방법을 고민하면서 학습했다. 그 결과, ❶ **'역사 용어의 정의 이해하기'**, ❷ **'역사의 패턴 이해하기'** 야말로 세계사 공부의 핵심임을 터득했다. 이 둘을 알고 나니, 역사 속 사건을 이해하는 눈이 열렸고, 수많은 지식이 머릿속에 쏙쏙 박혔다.

조용히 책을 준비하던 어느 날, 편집자에게서 X 계정으로 DM이 들어왔는데, 내 생각과 기획이 딱 맞아떨어졌다. 좌충우돌하며 여러모로 힘들게 해드렸는데도 인내심을 가지고 함께해 주셔서 대단히 고맙게 여기고 있다. 또 눈만 뜨면 원고 쓰느라 집안일도 제대로 하지 않은 나를 따뜻하게 지켜봐 준 아내에게도 감사한다. 무엇보다 이 책을 손에 든 독자 여러분이 세계사의 참맛을 알게 된다면 그보다 큰 기쁨은 없겠다.

야마모토 나오토

## 금세 잊어버리는 세계사, 쉽게 외우는 요령

### ☑ 역사 용어의 정의를 알자

**역사 용어의 근본적인 의미, 즉 정의를 정확하게 파악하자.** 정의를 대충 알면 역사의 본질을 파악할 수 없다. 그래서 이 책은 0장에서 '정치'의 정의, 1장에서 '권위'와 '권력', '사회', '종교'의 정의 등 세계사를 이야기할 때 절대 빼놓을 수 없는 역사 용어를 해설한다. 구체적인 사례를 통해 이해해 두자.

### ☑ 세계사의 패턴을 이해하자

세계사에는 일정한 패턴이 있다. 수학의 '공식'과도 같은 것이다. **패턴을 구사하면, 장소나 시대가 달라 언뜻 제각각으로 보이는 사건도 같은 맥락에서 이해할 수 있다.** 그 일례가 바로 '국가는 체제를 유지하기 위해 신화를 이용한다'라는 점이다. 메소포타미아문명, 고대 로마뿐 아니라 일본도 같은 원리에서 신화가 탄생했다. 이 책을 통해 패턴화가 얼마나 암기에 도움을 주는지 꼭 느껴 보기 바란다.

## ☑ 시기를 의식하자

**연대 감각**이 필요하다. 한 국가나 세력이 주도권을 잡았던 시대, 또는 대표적 국가의 존속 기간 등을 대강이나마 파악해 두면, 아무리 잊어버리기 쉬운 세계사 사건이라도 그 시대의 이미지가 떠올라 쉽게 이해할 수 있다. 예를 들어, '고대 로마제국의 전성기는 2세기!'라고 파악해 놓는 것이다.

## ☑ 장소를 확인하자

**장소의 이미지**를 기억하자. **기본적인 지명이나 국가명은 지도상의 장소와 묶어서 이해해야 한다.** 예를 들어, '아소카왕은 스리랑카 섬에 불교를 포교했다'라는 설명이 있다고 할 때, 스리랑카 섬이 어디인지를 모른다면 내용이 머리에 들어오지 않는다. 세계사의 사건은 '어디서 일어났는지'를 알아야 비로소 이해할 수 있다. **'장소'에 예민해지자.**

## ☑ 다른 사람에게 설명해 보자

고등학생이나 수험생은 지식을 체계화하기 위해 연습 문제를 많이 푼다. 지식을 자기 것으로 만들려면 **아웃풋**이 필수다. 이 점은 대학생, 사회인도 마찬가지다. 가장 빠르고 효과적인 방법은 **누군가에게 설명**하는 것이다. **세계사에 등장하는 인물이나 사건을 배경부터 조리 있게 타인에게 설명해 보자.** 세계사를 점점 더 잘 이해하게 될 것이다.

## CONTENTS

프롤로그  6
금세 잊어버리는 세계사, 쉽게 외우는 요령  8

### 제 0 장 '정치'란 무엇인가?

수렵 채집에서 농경으로 ………………………………………………… 14
정치의 정의 ……………………………………………………………… 17
정치의 원리라는 관점에서 세계사를 바라보자 ……………………… 21

### 제 1 장 세계사를 이해하기 위해 꼭 챙겨야 하는 20가지 '키워드'

| 키워드 1 | '계급'과 '지배자' ……………………………………… 28
| 키워드 2 | '문자'와 '문명' ………………………………………… 31
| 키워드 3 | '권력'과 '권위' ………………………………………… 34
| 키워드 4 | '사회'와 '경제' ………………………………………… 37
| 키워드 5 | '본능'과 '이성' ………………………………………… 40

| 키워드 6 | '종교' | 43 |
| 키워드 7 | '왕정', '공화정', '민주정' | 46 |
| 키워드 8 | '왕조 국가'와 '세습' | 49 |
| 키워드 9 | '혁명' | 52 |
| 키워드 10 | '왕국'과 '제국' | 55 |
| 키워드 11 | '농업'과 '상업' | 58 |
| 키워드 12 | '봉건제'와 '중앙집권' | 61 |
| 키워드 13 | '주권국가'와 '절대왕정' | 64 |
| 키워드 14 | '헌법'과 '의회' | 67 |
| 키워드 15 | '우파'와 '좌파' | 70 |
| 키워드 16 | '근대화'와 '자유주의' | 73 |
| 키워드 17 | '산업혁명'과 '자본주의' | 76 |
| 키워드 18 | '사회주의' | 79 |
| 키워드 19 | '내셔널리즘' | 82 |
| 키워드 20 | '식민지'와 '제국주의' | 85 |

알아두면 도움 되는 세계사의 '기본 시기'  88
알아두면 도움 되는 세계사의 '기본 지명'  90

## 제 2 장  세계사를 움직인 12가지 '패턴'을 알아보자

| 패턴 1 | 체제를 유지하기 위한 수단 - 원조는 수메르인 | 94 |
| 패턴 2 | 영토 확장의 불가피성 - 전쟁은 왜 일어나는가? | 109 |

| 패턴 | 3 | 부패에 반발한 움직임, 혁명 - 조직은 반드시 타락한다 ...................... 125 |
| 패턴 | 4 | 정치는 종교를 이용한다 - 왜? 구조가 판박이니까! ...................... 141 |
| 패턴 | 5 | 권력은 권위를 통해 정당성을 확보한다 - 국가 운영의 본질 ............ 156 |
| 패턴 | 6 | 민족의 이동은 역사를 바꾼다 - 이상향을 찾아서 ...................... 172 |
| 패턴 | 7 | 완벽한 시스템은 없다 - 규칙의 함정 ...................... 189 |
| 패턴 | 8 | 역사의 요구에 응답한 카리스마 리더<br>　- 사람이 먼저인가, 역사가 먼저인가? ...................... 205 |
| 패턴 | 9 | 패권을 쥔 민족과 국가 - 팍스 ○○○ ...................... 223 |
| 패턴 | 10 | 정치는 후원자의 뜻대로 움직인다 - 누가 정치를 조종하는가? ......... 240 |
| 패턴 | 11 | 대중은 선동된다 - 민주주의의 약점 ...................... 256 |
| 패턴 | 12 | 만들기보다 무너뜨리기가 어렵다 - 체제 타파에 도전한 사람들 ......... 273 |

참고문헌　288

제 **0** 장

# '정치'란 무엇인가?

# 수렵 채집에서 농경으로

## 🧭 수렵 채집 시대를 살아내기 위해

우선 **'정치란 무엇인가?'**라는 세계사의 대원칙을 살펴보자. 이에 관해 이해하고 나면, 역사에 등장하는 온갖 사건의 본질을 훤히 꿰뚫어 볼 수 있다. 정치가 왜 필요해졌는지, 그 배경을 **수렵 채집** 시대부터 짚어보자.

**호모 사피엔스**는 오랫동안 수렵과 채집으로 생계를 유지했다. 이를 '획득 경제'라고 한다. 그들은 초원을 달리는 동물을 사냥했고, 개울물을 헤엄치는 물고기를 낚아 올렸으며, 우거진 식물을 뜯어 먹었다.

획득 경제 시대에는 내일의 식량이 보장되지 않았다. 나라면 '사냥이 잘 되게 해주세요!'라고 필사적으로 기도라도 올렸을 것 같다. **원시 시대 사람들도 일찍부터 기도와 비슷한 행위를 했다.** 현생 인류인 크로마뇽인이

동굴에 그림을 그린 것이 바로 수렵과 채집의 성공을 기원하는 주술적 행위였다. 스페인 알타미라동굴에는 말과 멧돼지 같은 생생한 동물 그림이 남아 있다.

살아남기 위한 여러 행동, 예를 들어 사냥감을 잡아 조리하거나 옷과 거주지를 만드는 일은 극단적으로 말하면 혼자서도 할 수 있다. 그래서 수렵 채집 시대에는 인간 집단이 그리 크지 않았고, 기껏해야 수십 명이 집락을 이루며 살았다. **단순한 공동 작업만 해도 충분했던 그 시대에는 '정치'라는 개념이 희박했다.**

## 🧭 농경, 문명을 낳다

지금으로부터 약 만 2천 년 전, 빙하기가 끝난 지구의 기후는 따뜻해졌다. 기온이 오르자, 식물이 우거졌다. 서아시아에서는 보리 등 곡물의 식생 분포가 넓어졌다. '식물이 많네. 필요한 것들만 키울 수는 없을까?……'. **농경**은 이런 생각에서 비롯되었다.

처음에는 비가 내릴 때만 물이 공급되는 건지(乾地) 농법으로 농사를 지었다. 비가 규칙적으로 내리지 않기에 생산량이 많지는 않았지만, 수렵 채집 시대와는 달리 식량 부족은 벗어날 수 있었다. '생산 경제' 단계에 접어들면서 식량 생산 혁명이 일어났다.

기원전 3500년경에는 관개 농업이 시작되었다. 강에서 물을 끌어와 밭에 대는 이 농법을 통해 식량 생산은 점차 안정되었다.

호모 사피엔스의 인구는 증가했다. **티그리스강·유프라테스강** 유역과 **나일강** 유역 등 큰 강 유역에서는 대규모 농경 작업이 이루어졌다. 그리고 **메소포타미아문명, 이집트문명, 인더스문명, 황허문명** 등 고대 문명이 발생했다.

# 정치의 정의

## 🧭 지도자를 정해야 사회가 돌아간다

농경이 시작되자, 사람들은 공동 작업과 분업의 필요성을 절실히 느꼈다. 큰 강에서 인공적으로 물을 끌어오려면 대규모 토목 사업을 벌여야 했기 때문이다.

**메소포타미아**의 큰 강은 자주 범람했기에 치수 사업이 필수였다. 밭일을 할 때는 씨 뿌리기부터 수확까지 힘을 모아야 했다. 어떤 이는 수확한 곡물을 짊어지고 산을 넘어가 목재나 흑요석으로 바꾸기도 했을 것이다. 특히 농업 생산이 늘어난 집락에서는 식량을 둘러싼 주변 세력과의 다툼도 일어났다. 그래서 군사를 갖추어 군사력을 유지해야 했다.

이러한 작업을 적은 인원이 해내기는 거의 불가능했다. 사회가 돌아가려면 누군가가 앞장서서 "당신은 용수로를 파고, 당신은 수확하고, 당신은 교역을 맡고, 당신은 병사로 일하라"라고 지시해야 했다. 그래서 **지도자를 선출했고 명령하는 자와 명령받는 자, 즉 '지배자'와 '피지배자'가 나뉘면서 신분과 계급 개념이 출현했다.**

## '정치'란 '부의 집약과 분배'

농경사회에서는 지도자가 지시를 내리고 일을 분배했다. 지도자는 토목·농경·상업·군사 등 사람들에게 역할을 지정했고, 작업을 시킬 때는 일에 필요한 물자를 제공했으며, 보상으로는 생산물을 나누어주었다. 하지만 지도자라고 해도 그리 많은 생산물, 즉 '부'를 가지고 있지는 않았다. 그래서 **분배의 자원으로 쓰기 위해 사람들(=대중)이 창출한 부를 끌어모으기로 했다.** '세금을 징수'한 것이다. 그리하여 집약된 부를 재분배하며 농경사회를 유지했다. 이 같은 **'부의 집약과 분배'를 이 책에서는 '정치'라고 정의한다.** 앞으로 소개할 세계사의 여러 사건은 모두 이 정치의 원리에 따라 설명할 수 있다. '부를 일단 모은 뒤, 나누어주기'. 현대 사회에서도 사람들은 세금을 내고 그 대가로 행정 서비스를 받는다. 이는 농경이 시작된 이후 현재에 이르기까지 변치 않고 유지되는 대원칙이다. 이 점을 새기면서 깊고도 넓은 세계사 여행을 떠나보자.

## '정치'의 정의를 해석하는 몇 가지 방법

그러나 '정치'의 정의를 이렇게까지 대담하게 내려도 되는지 의문이 들 수도 있다. 사실 '정치란 무엇인가?'라는 질문에 대한 답은 학자나 지도자의 경험, 또는 전제 조건에 따라 달라진다. 이 책에서 내린 정치의 정의는 입시학원에서 10년 넘는 세월 동안 '정치를 부의 집약과 분배라고 정의하면 전체를 쉽게 이해할 수 있겠다!'라고 확신한 나의 경험칙에 따른 것이다.

어떤 사전에는 정치는 '주권자가 영토와 대중을 다스리는 일'이라고 설명되어 있다. 이래서는 쉽게 이해되지 않는다. 그래서 '정치'를 '부의 집약과 분배'로 치환해 보자는 말이다. 이렇게 하면 정치란, **영토 내 대중으로부터 부를 끌어모았다가 다시 나누어주는 일**'이 된다. 이렇게 하면 더 잘 이해되지 않는가?

또 다른 사전은 '사회의 대립과 이해관계를 조정해 전체를 통합하는 일'이라고 설명한다. 이 설명은 '**대중의 대립이 심해지면 세금 징수가 어려워지므로 이해관계를 조정하고 통합**하는 것도 정치의 기능이다'라고 받아들이면 바로 고개가 끄덕여진다.

또 '사회의 의사를 결정하고 실현하는 작용'이라고 설명한 데도 있는데, 얼마나 집약해서 **어디에 얼마나 분배할지를 '사회가 의사결정'해서 실제로 집행하는 일**을 정치라고 보면, 이 설명도 쉽게 이해된다.

'**통치**'나 '**지배**' 같은 용어도 같은 맥락에서 이해할 수 있다. '**로마공화**

**정**은 시칠리아섬을 통치했다'라는 설명이 있으면 '로마는 시칠리아섬에서 부를 집약, 분배했구나', '영국은 인도를 지배했다'라고 쓰여 있으면 '영국이 인도의 세금 징수와 관리에 대한 권한을 장악했다는 말이구나' 라는 식으로 파악할 수 있다는 말이다.

# 정치의 원리라는 관점에서 세계사를 바라보자

## 정치의 '선악'은 도덕관념인가?

세계사에서 흔히 볼 수 있는 '선정'과 '악정'의 의미를 정치의 원리라는 관점에서 살펴보자.

우리는 '선과 악'이라는 말을 흔히 도덕적인 관점에서 이해하려 한다. 그러나 세계사에서는 선악을 도덕적 가치관이라는 잣대로 보면 그 본질을 파악하기 어렵다.

전쟁을 예로 들어보자. '전쟁'이라고 하면, 좋은 나라와 나쁜 나라가 싸우는 것처럼 느껴진다. 그런데 정치의 원리를 적용하면, **전쟁은 영토 분쟁이 문제**이며 거기에는 '이해관계'가 존재할 뿐이지 '선악'은 나중에 덧붙인 대의명분일 때가 많다.

**'부의 집약과 분배'가 원활하게 이루어지는 상태가 '선정', 왜곡된 상태가 '악정'**
이라고 설명해 보자. 선정하에서는 '이만큼은 토목, 이만큼은 군비, 이만큼은 관료 인건비'라는 식으로 절묘하게 분배하고, 세금 징수도 과부족 없이 적절한 방식으로 이루어진다. 그런데 악정하에서는 세금 징수와 분배가 모두 극단적인 불균형을 이루기 때문에 대중의 불만이 높아진다.

이렇게 세계사는 기능적으로 설명할 수 있는 학문이다. 따라서 역사적 사건은 원리를 통해 전체적으로 파악해야 한다.

## 정치 원리로 본 당나라 현종

정치 원리에 관해 세계사에서 구체적인 예를 들어보자. **당나라 현종**에 관한 이야기다.

젊은 날의 현종은 그야말로 현군이었다. 8세기에 '개원(開元)의 치(治)'로 불린 태평성대를 이루어 당나라의 번영을 이끌었다. '개원'이란 기초를 열었다는 뜻이니, '기초를 연 정치'라고 불릴 만큼 정치를 잘했다는 뜻이다.

당시 당나라는 국가가 농민에게 토지를 나누어주고 경작하게 한 뒤 생산물을 상납하게 하는, 주민등록제도 뺨치는 **균전제**라는 세금 징수 시스템을 가지고 있었다. 또 행정 기구를 정비해 적절히 나누어주고, 관리들의 기강을 다잡아 부패를 방지했다. 예를 들어, 수도 장안에서 다리가 무너지면, 행정을 관장하는 6부 중 공부가 즉시 출장을 나와 복구 작업을 했다. 인원이 부족하면 이부에 연락해 병부의 군사를 동원할 수 있게 요청했고, 예부 의식에서 쓰고 남은 목재를 들여와 짧은 시간 안에 다리를 원래대로 복구했다. 당시에 이토록 아름다운 정치 시스템을 작동시킨 사례는 현종 시기에서는 당나라 외에 세계적으로 찾아보기 어렵다.

하지만 현종이 변했다. 양귀비를 총애하게 된 것이다. 정치를 등한시한 탓에 현종 만년에 당나라가 기울었다는 고사는 시인 백거이가 '장한가'라는 시에서 한탄한 것으로도 유명하다.

악정하에서는 '집약과 분배의 불균형'이 일어난다. **양귀비에 빠져든 황제는 엄청난 부를 양귀비에게 쏟아부었고**, 그 결과 **중요한 행정 기능에 쓰여야 할 자금이 바닥을 드러내는 지경에 이르렀다.** 이것이 당나라 악정의 구조적인 측면이다.

또 중국 왕조에서는 정치의 중요 관직을 황후의 일족인 **외척**이 독점했다. 그들은 자기 일족만 흥하면 된다고 생각하고 세금을 가혹하게 징수하면서도 분배는 줄였고, 남는 돈으로는 제 주머니를 불렸다. 양귀비 일족의 농단으로 당나라 정치가 타락했음은 너무나도 분명하다. 현종이라는 존재를 정치 원리로 분석하면, 당나라가 어쩌다가 쇠퇴했는지를 잘 알 수 있다.

## 🧭 인간에게 정치는 불가능한가?

'지배자가 피지배자에게 세금을 징수하는' 구조는 지배자층에 너무나 유리하다. 앞에서 나온 당나라 현종 이야기에서도 외척들이 온갖 횡포를 부렸다. 이처럼 세계사의 많은 사건이 정치 시스템의 왜곡에서 비롯되었다.

왜곡된 시스템을 해소하기 위해 19세기 중반에는 '무정부주의(아나키즘)'라는 개념이 등장했다. '권력과 권위를 가진 정부를 폐지하고 개인의 자유의사에 따라 사회를 유지하자'라는 사상이다.

집약과 분배의 권한을 가진 측의 힘이 센 것은 분명하기에 무정부주의의 주장이 언뜻 옳은 것 같기도 하다. 그러나 개인의 재량만으로 부를 나누어 가질 수 있을지는 사실 의심스럽다. 왜냐하면, 인간에게는 '내 것을 소유하겠다'라는 의식(=본능)이 작용하기 때문이다. 그래서 무정부주의는 나중에 과학적 사회주의를 집대성한 마르크스에게 황당무계하다는 비판을 받으며 사라졌다.

정치는 사람을 관리하는 기능을 하고, 그 원리는 약 5천 년 전 농경사회에서 만들어졌다. 그런데 그 오랜 시간 운영되고도 정치의 문제점은 전혀 해결되지 않았다. 인간은 수많은 지혜를 짜내서 모순을 해결하려고 시도했지만, 고뇌와 고난을 극복했다가도 또다시 원래대로 돌아가는 사태가 반복되고 있다.

정치를 통해 집약과 분배의 균형을 바로잡는 것이 인간에게 불가능하다면, 인간의 의식이 개입되지 않은 존재, 예를 들어 AI에 정치의 결정권을 맡겨 보면 어떨까? 개인적인 바람이지만, 어느 나라든 한 번쯤 AI를 정치에 기용해 주면 좋겠다는 생각도 해 본다.

> **요약**
>
> 신분과 계급이 출현하자 지배자는 대중에게 세금을 징수해 부를 집약·분배했다. 이 시스템이 바로 '정치'다. 의사결정 시스템인 정치의 모순은 역사상 여러 문제를 발생시켰다. 인류는 다양한 사상과 이념을 고안해 모순을 해결하려 했지만 실패했고, 이에 아직도 정치는 갈팡질팡하는 중이다.

제 **1** 장

# 세계사를 이해하기 위해 꼭 챙겨야 하는 20가지 '키워드'

키워드
# 1
## '계급'과 '지배자'

### 계급 없이는 사회도 없다

호모 사피엔스는 부를 집약하고 분배함으로써 사회를 유지했다. 이때 **신분 구조**, 이른바 '계급'이 형성되었다. '히에라르키'라고도 한다. 인간 집단이 일정 규모에 이르면, 계급 제도가 있어야 사회가 잘 돌아간다. '**사회 있는 곳에 계급 있다**'라는 말이다.

일본 역사만 해도 그렇다. 조몬 시대는 자연 속 식량을 그저 손에 넣기만 하는 획득 경제의 시기였다. 당시 사람들은 수십 명 규모의 원시적인 사회 집단을 만들어 수렵 채집으로 생활을 이어갔다. 이 시대의 유물로는 도토리로 만든 쿠키, 먹고 버린 조개껍데기 더미인 패총이 유명하다. 물론 이때도 무리를 통솔하는 존재가 있었지만, 명확한 신분 계급은 없었다. 사람들은 대체로 평등한 공산사회를 이루었던 것 같다.

벼농사가 대륙으로부터 전파된 것은 기원전 4세기 무렵이다. 농경이 본격적으로 이루어질 무렵, 서일본에서 국가가 나타났다. 기원후 57년, 일본 기타큐슈에 등장한 국가 나코쿠가 **후한 광무제**(유수)에게 받았다는 황금 도장에는 '漢委奴国王(한위노국왕. 한나라 왕이 나코쿠 왕의 왕으로 인정한다)'라는 글이 새겨져 있다. 이는 왕이 있는 국가가 출현했다는 증거다. 나코쿠의 지배자는 대중으로부터 부를 집약하는 행위의 정당성을 밝히기 위해 중화 황제의 권위를 이용한 것이다.

## 신분 높은 사람은 땅 가진 사람

**계급 구조를 단순화하면 '지배자'와 '피지배자'의 이중 구조**가 된다. 지배자는 어떤 사람을 가리킬까? 구체적으로는 **신관**, **성직자**, **귀족**과 제후 등을 말한다. 그들은 대체로 땅을 가진 사람들, 즉 '지주'다.

고대 **메소포타미아**에서는 신관이 대중을 지배했다. 그들은 신의 뜻을 대변하고 사람들에게서 부를 집약했다. 그 시대의 부는 주로 농업 생산이었으니 신관이 토지를 소유했다고 할 수 있다. 귀족이나 제후가 토지를 소유했다는 점은 쉽게 이해할 수 있을 것이다. 일본의 경우, 헤이안 시대에는 후지와라 가문을 비롯한 귀족들이 장원을 경영했고, 에도 시대 다이묘(제후)는 수만 평이나 되는 땅을 소유했다. 또 성직자 중에도 지주가 있었다. 중세 교회는 국왕이나 귀족으로부터 토지를 헌납받아 영내 농경 생산을 관리했다.

**'지배자'라는 말을 보면 '아, 지주라는 말이구나'라고 생각하면 된다.**

[ 농경사회가 발달하자 사람들은 '계급'을 만들어 사회를 유지했다. '지배자'란, 지주를 뜻한다. ]

**키워드**

# 2
# '문자'와 '문명'

## 🧭 문자는 정보 전달에 쓰였다

국가를 원활하게 운영하려면 지배자가 대중에게 명령을 잘 내리고, 그들의 행동을 관리해야 한다. 조직을 통해 농사일, 토목 사업, 군사행동의 효율을 높이면 다른 나라를 보기 좋게 앞지를 수 있다.

그러려면 왕의 명령을 말단 계급까지 신속, 정확하게 전달해야 했다. 원시사회에서는 말을 통해 의사소통을 했지만, 점차 말을 통한 정보 전달은 한계에 이르렀다. 말은 공기 중으로 흩어져 버리기 때문에 **정보 유지에 취약**했던 탓이다.

그래서 **문자**를 발명했다. 점토판이나 비석에 새긴 글자는 웬만해서는 사라지지 않는다. 명령은 계급의 구석구석까지 퍼져나갔다. 그리하여 명령 계통이 일원화되었다. 왕의 지시는 신관과 귀족을 통해 각지에 전달되었고 세세하게 나뉜 각 계급으로 침투했다. 국왕의 의사를 모든 구성원이 공유하자, 사회에 어마어마한 변화가 일어났다. 문자를 통해 조직을 운영하는 **문서 원리주의 체계**가 확립된 것이다.

문자를 다룰 수 있는 자들은 특권계급이었다. 지배자층인 신관과 성직자, 귀족은 글을 읽고 쓸 수 있는 능력을 이용해 대중을 감독했다. 고대 문자는 대부분 의미를 나타내는 표의 문자로서 배우는 데 상당한 시간이 걸렸다. 그래서 **어려운 문자를 이용하는 특권을 가진 지배자와 대중 계급 사이의 거리가 크게 벌어졌다.** 중국에서 관료를 '독서인'이라고 불렀던 것처럼 문자를 읽고 쓰는 능력은 지배자 계급의 필수 능력이었다.

## '문명'이란, 문자로 어둠을 밝힌다는 뜻

**고도로 발전한 농경사회는 필수로 문자를 사용했다.** 문명이란, **문자로 적힌 제도·기술 전체**를 말한다. 말 그대로 '문자(文)'를 통해 '어둠을 밝힌(明)' 것이 '문명(文明)'인 것이다.

이른바 4대 문명에는 모두 고유 문자가 있다. 메소포타미아문명에는 **쐐기문자**, 이집트문명에는 **신성문자**(히에로글리프), 인더스문명에는 **인더스문자**, 황허문명에는 **갑골문자**. 이 문명들은 문자를 이용해 국가의 기능을 수행했고, 문자로 신화와 역사를 엮어 국가의 정통성을 드러냈다.

> **요약**
> 지배자는 문자를 이용해 국가를 운영하고 '문자'를 독점했다. 문자가 쓰이자 '문명'이 발생했다.

키워드
# 3
## '권력'과 '권위'

### 🧭 자네, 왜 세금을 안 내지?

"요즘 내 취미는 편의점에서 소비세* 내지 않기다!" 나는 입시학원 첫 수업 시간에 학생들에게 꼭 이 말을 한다. 물론 농담이다. '내가 일본에서 태어난 것은 내가 원해서가 아니다. 그런데도 갑자기 납세는 국민의 의무라고 하니 너무나도 불합리하지 않은가?'라는 취지다.

그런 뒤, "만약 내가 세금을 내지 않으면 어떻게 될까?"라고 물으면 학생들은 대체로 "잡혀가요…"라고 답한다. 구속까지 되는 일은 드물지만,

---

\* 일본에서 상품을 살 때 상품 값의 일정률로 부과하는 간접세의 일종으로 우리나라의 부가가치세에 해당한다.-옮긴이

실제로 편의점에서 소비세를 안 내고 버티면 경찰에 연행될 수는 있다.

이것이 **권력**이다. 정치가 세금을 내라고 강제할 수 있는 것은 군사력을 동원할 수 있어서다. 대중이 불평 없이 순순히 세금을 내는 이유는 '군사력의 위협을 받기 때문'이다. 권력은 '**무력을 통해 사람들을 지배하는 힘**'이라고 정의해 두자.

## 권력만 휘두르면 재미가 없다

만약 사람들이 어느 날 갑자기 세금 내기를 거부하면 어떻게 될까? 그런 사람의 수가 너무 많아지면, 경찰은 단속을 포기할 것이고, 폭도로 변한 사람들이 사회를 무너뜨릴지도 모른다. 지배자로서는 재미없는 일이다. 그래서 지배자는 **권위**를 활용한다.

권위는 '**두려운 마음이나 신령스러운 느낌을 주어 복종할 마음이 들게 하는 것**'이라고 정의할 수 있다. "너는 지금 막강한 왕께서 통치하는 나라에 살고 있다. 혹시 세금 징수에 응하지 않을 생각인가? 아이고, 무서워라. 틀림없이 지옥에 떨어질 것이야!"라고 겁이라도 주듯이, 지배자는 권위를 이용해 징악과 분배를 장악한다. 이렇게 하면 불필요한 무력을 쓰지 않고도 순조롭게 정치를 해나갈 수 있다.

'권력'과 '권위'는 인간의 행동을 동시에 강제한다. 원활한 정치는 이 '두 자루의 칼'을 잘 쓸 때 비로소 실현된다.

[ 지배자는 '권력(힘)'과 '권위(위압감)'를 이용해 대중의 부를 흡수한다. ]

**키워드**
# 4
# '사회'와 '경제'

## 🧭 추상적인 개념은 그림으로 바꾸어보자

'**사회**'나 '**경제**' 같은 용어는 일상적으로 쓰인다. 초등학교 3학년이면 '사회' 수업을 받기 시작하고, 중학교에서는 '경제'를 배운다. 하지만 배운 내용의 의미를 막상 설명하려고 하면 말문이 막히기 일쑤다.

이처럼 역사 학습에서 기본 바탕이 되는 추상적 개념을 글로만 이해하려고 들면 한계에 부딪히기 쉽다. 이럴 때는 그림으로 바꾸어서 이미지를 기억해 두자. 조금만 부지런해지면 이해도가 확 높아진다.

다음 그림은 계급 구조와 부의 집약·분배를 나타낸다. '사회'란, 정치 구조 전부를 말하며, 사회의 대부분은 '집약' 화살표가 시작되고 '분배' 화살표가 가닿는, 정치의 대상이 차지한다. **사람들의 집단, 그들의 다양한**

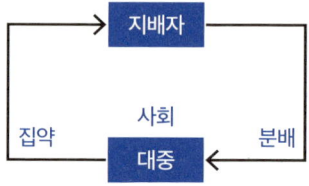

활동, 농업·공업·상업이 모두 사회에 포함된다고 생각하자.

초등학교에서 배우는 '사회'의 내용은 모두 이 정의로 설명할 수 있다. 일단 지리를 보자. 한 사회의 기반인 지역을 학습함으로써 우리는 작은 마을에서 시작해 광역지자체, 국가, 그리고 세계에 이르기까지 시야를 확대할 수 있다. 역사 시간에는 우리가 사는 사회가 어떤 시간을 겪어 왔는지를 배운다. 또 정부와 지자체, 헌법이 어떤 기능을 수행하는지 등의 사회 시스템을 배운다.

사회 구조의 모델을 알아두면, 사회과학 전반이 훨씬 흥미롭게 느껴질 것이다.

## 🧭 '경제'는 재화의 이동

사회 구성원들은 각자 다른 일을 하며 살아간다. 농지를 일구는 사람, 식자재를 가공하는 사람, 도구를 만드는 사람, 집을 짓는 사람, 전투하는 사람 등 사회는 분업을 통해 유지된다. 이 과정에서는 반드시 '교환'이라는 활동이 생긴다. 이 활동이 '경제'다. 경제란, **'재화를 이동시키는 것'**이라고 생각하자.

> **요약**
>
> '사회'는 정치가 미치는 대상을 말한다. '경제'는 사회에서 이루어지는 재화의 교환이다.

**키워드 5**

# '본능'과 '이성'

### 🧭 식량을 움켜쥐는 건 '본능'일까, '이성'일까?

세계사에서 '본능'과 '이성'을 다루는 것이 맞는지 의문을 제기하는 사람도 있을 것 같다. 그런데 사실 이 문제는 정치의 본질과 깊은 연관이 있다.

'본능'이란, 동물이 생존하기 위한 행동 원리다. 세계사에서 본능은 생산물, 즉 **부를 최대한 많이 축적하고, 자신과 자손이 오래 살아남기 위한 '종 보존 메커니즘'**이라고 생각하면 된다. 특히 수렵 채집 시대에는 본능의 기능이 뚜렷했다. 그 시대에는 내일 먹을 식량을 구할 수 있을지 장담할 수 없었기에 획득한 식량을 본능에 따라 움켜쥐고 있어야 했다. 굶어 죽을 것 같은 사람을 봐도 식량을 베푼다는 생각은 좀처럼 하기 어려웠다. 그보다는 자신이 살아남아 종을 유지하는 것이 더 이치에 맞았다. 그래서 **본능은 수렵 채집의 원리와 깊은 관련이 있다**고 보면 된다.

한편, '이성'이란, 조리 있게 사물을 생각하는 작용이다. 그러나 이 책의 목적은 세계사 이론에 등장하는 용어를 재정의하는 것이다. 이제부터 이성은 '**부의 집약과 분배를 구조적으로 이해하는 능력**'이라고 생각하자.

대중이 생산한 부를 지배자가 일단 끌어모아서 다시 분배하는 행위는 인간의 본능에 완벽히 어긋난다. 식량을 최대한 제 손에 쥐고 싶은 것이 당연한 이치니까 말이다. 누군가가 와서 "나중에 돌려줄 테니 걱정하지 마시오"라면서 자신이 생산한 부를 가져가려 하는데 순순히 내어줄 사람이 어디에 있겠는가? 눈속임일 가능성도 있지 않을까? 그래서 '이성'이 등장했다. "부를 집약하고 분배해야 사회가 돌아가는 거야"라고 사람들에게 정치의 원리를 논리적으로 설명하고, 이를 이해시켰을 때, 비로소 국가를 원활하게 운영할 수 있었기 때문이다. 이처럼 **이성은 농경사회의 구조와 밀접하게 관련되어 있다**.

## 🧭 '본능'과 '이성' 사이의 깊은 간극

'본능'에 순종하는 호모 사피엔스는 '이성'이 반영되는 정치 시스템을 활용하기로 했다. 상반되는 두 원리를 저울에 달면 어느 쪽이 이길까? 답은 명백하다. 역사에서는 **본능이 이성을 끊임없이 압도**했다. 본능의 승리는 특히 지배자층에서 일어났다. 대중한테서 세금을 통해 징수한 부는 100% 대중에게 환원해야 마땅함에도 **지배자층은 끌어모은 부를 부당하게 숨기고 몰래 쌓아두었다.** 세계사에서는 본능과 이성 사이의 이러한 깊은 간극이 여러 가지 골치 아픈 문제를 일으켰다.

[ '본능'은 수렵 채집, '이성'은 농경과 밀접하게 관련되어 있다. ]

**키워드 6**

## '종교'

### 🧭 종교는 사회 안정에 필수

**종교**는 왜 존재할까? 이 질문은 매우 심오해서 책을 한 권 쓸 수 있을 정도다. 마음의 안식처, 타인에 대한 측은지심, 죽음 극복 등 다양한 답을 제시할 수 있다. 사실 종교의 의미와 그 목적은 종교학자의 수만큼 존재한다고 하니 한 가지 답으로 결론짓기는 어려울 것이다. 그러나 이 책에서는 세계사의 원리에 따라 굳이 '종교'를 정의해 보았다.

종교란, '**사회체제를 유지하기 위한 신앙**'이다. **붓다**의 사상을 예로 들어보자. 부패한 **브라만교** 사회를 개혁하려는 움직임 속에서 탄생한 **불교**는 신도들에게 금욕적으로 살 것을 가르쳤다. 하나님의 절대 사랑을 강조한 **예수**의 가르침도 **유대교** 사회의 모순 속에서 고통받던 대중 사이에 퍼졌다. **불교**와 **그리스도교**는 모두 규범과 규율을 중시하는 특징으로 인해 국가 통치에도 이용되었다. 또 **공자**가 창시한 **유교**는 강력한 정치사상으로서 사회의 안정을 도모한다는 점에서 종교에 가깝다고 생각할 수 있다. 유교는 정치체제를 안정시킬 목적으로 수많은 중국 왕조의 국교로 채택되었다.

이처럼 **종교에는 정치적 요소가 다분히 포함되어 있다.**

## 🧭 사회가 성립하기 전부터 존재했던 종교는?

문명이 발생하기 전, 수렵 채집 시대에도 종교는 존재했다. 그 무렵의 종교는 만물에 신이 깃든다는 자연 숭배로 '애니미즘'이라고 부른다. 일본에서도 '야오요로즈의 신(八百滿神)'이라고 불리며 신사 신앙의 기원이 되었다. **원시사회에서는 자연에 대한 동경이나 경외심이 신앙으로 발전했다.** 따라서 그 무렵의 **종교에는 조직을 유지하기 위한 강제력이 필요하지 않았다.**

## 🧭 정치에 이용되기 시작한 종교

종교가 사회체제를 유지하기 위한 사상이라고 단언할 수 있냐고 의문을 품는 사람도 있을 수 있다. 그러나 이 책은 세계사의 기능이라는 관점에서 한정적으로 해석한다는 점을 양해해 주면 좋겠다.

강력한 힘을 가진 종교는 농경사회가 발전하면서부터 나타났다. 종교의 원래 목적은 타락한 체제를 바로잡는 것, 금욕적으로 생활하는 것, 어려운 사람에게 자비를 베풀어 평등과 우애의 사회를 만들자는 것이다. 그러나 **교단이 확대됨에 따라 종교는 정치에 이용되기 시작했다.**

> **요약**
>
> [  '종교'란, 사회체제를 유지하기 위한 신앙으로서 시간이 흐르면서 정치에 이용되었다.  ]

키워드
# 7
## '왕정', '공화정', '민주정'

### 계급을 보면 정치체제를 알 수 있다

정치에서 의사 결정권이란, 대중에게 세금을 얼마나 징수하고 어떤 비율로 어디에 **분배할지를 결정하는 권력**을 가리킨다. 정치체제는 그 힘을 어느 계급이 가지는지에 따라 정해진다.

왕이 그 힘을 가지면 '**왕정**', 소수의 지배자가 권한을 가지면 '**공화정**', 대중에게 정치권력이 주어지면 '**민주정**'이다. 황제가 있을 때는 '제정'이라 하는데, 이를 왕정과 함께 '군주제'라고 하자. 왕을 인정하지 않는 공화정에서는 성직자와 귀족 등의 지배자층이 정치를 한다. '정치를 한다'라는 말은 '행정'을 의미하는데, 그 방법을 정하는 입법권, 즉 법률을 만드는 최종 권력이 어디에 있는지에 따라서도 정치체제를 나눌 수 있다.

현대 일본의 정치체제는 어떻게 구분할 수 있을까? 왕이 있으니 '군주제(왕정)'이기는 하지만, 군주의 권력은 일본 헌법에 따라 제한된다. 또 대중이 선거권을 가지니 '민주정'인 반면, 실제로는 민의가 충분히 반영된다고 보기 어렵기 때문에 지극히 '공화정'적이다. **현대 일본은 '입헌군주정 하의 민주정이지만, 그 실태는 공화정'**이라고 할 수 있겠다.

## 정치체제는 변한다

고대 역사가인 폴리비오스는 강대해지는 로마를 설명하는 과정에서 '정치체제 순환 사관'을 확립했는데 그 내용은 이렇다. 왕정은 전제정치로 변하기 마련이고, 이에 반발한 귀족들이 왕을 몰아낸 뒤에는 공화정이 들어선다. 공화정에서는 평민과의 계급투쟁이 일어나고 그 결과, 대중이 권력을 얻어 민주정을 수립한다. 민주정은 머지않아 타락한 중우정치로

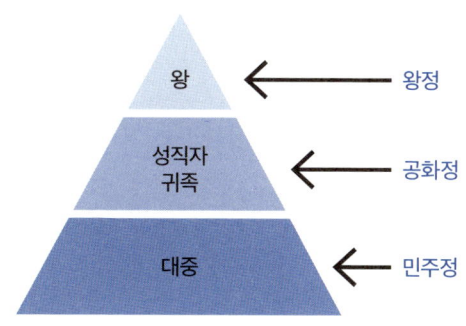

빠져들고, 이를 수습하기 위해 독재를 통해 국가를 통괄하는 왕정이 재등장한다.

실제로 공화정 시기에 로마는 귀족을 아우르는 **집정관**이 군주와 비슷한 역할을 했고, 귀족으로 구성된 **원로원**이 권력을 유지하자 계급투쟁에서 이기고 부상한 평민들이 법률 결정권을 가졌다. **각 계급이 서로 견제할 때 정치체제가 안정된다**고 지적한 그의 학설은 새겨들을 가치가 있다.

> 요약
>
> 왕이 다스리면 '왕정', 귀족이 권력을 가지면 '공화정', 대중에게 의사 결정권이 있으면 '민주정'이다.

**키워드**
# 8
# '왕조 국가'와 '세습'

## 🧭 '가문'과 '국가'의 대응 관계

세계사에는 '○○왕조가 성립되고'처럼 '왕조'라는 표현이 자주 등장한다. '왕조'란 도대체 뭘까? 일단 '왕조 국가'의 정의를 한번 짚어보자.

왕조 국가란, **혈통이 같은 군주가 운영하는 국가**다. '○○왕조'란 ○○가문의 혈통을 말한다. 쉽게 말해 '<u>아케메네스왕조</u> 페르시아(제국)'라고 할 때는 '아케메네스왕조'가 가문, '페르시아'가 국가명이다. '부르봉왕조 프랑스 왕국'도 마찬가지다. 또 중국에서는 '<u>한</u>왕조 중화 제국', '<u>당</u>왕조 중화 제국'처럼 국가명은 같은데 황제의 가문이 계속 바뀌었다. 일본은 유사 이래 왕의 가문이 줄곧 같았지만, **세계적으로는 동서고금을 막론하고 군주의 혈통이 자주 바뀌었다.** 이 원리를 잘 기억해 두자.

## 훌륭한 왕 다음엔 그저 그런 왕?

**부모가 자식에게 왕위를 넘겨주는 것**을 '세습'이라 하는데, 세습 후 선왕의 권위는 그대로 이어진다. '권위'는 국가 기능을 원활하게 운영하기 위해 이용되며, 부모가 자식에게 물려주는 형태가 가장 합리적으로 여겨졌다. 그래서 세습 왕조에서는 거창한 의식과 제사를 지냄으로써 군주의 교체로 인해 권위가 손상되지 않도록 세심한 주의를 기울였다.

**현군의 자식이 우둔한 사례가 있다.** 너무 위대한 선왕 아래에서 아무런 부족함 없이 자란 후계자가 '혼군'이 되어버리는 예도 흔했다. 이런 일을 막기 위해 오현제 시대의 로마제국에서는 황제가 유능한 부하를 양자로 들여 제위를 계승하게 했다.

또 **국왕이나 지도자를 선거로 선출**하는 예도 있었다. 가령 이슬람 세계의 지도자 **칼리프**는 처음에는 유력자들의 합의로 선출했다. 당시에는 **아랍인**으로만 교단이 구성되었기에 동일 민족으로 이루어진 조직을 통괄하는 과정에서 칼리프가 막강한 권위를 가져야 할 이유가 없었다. 그러나 **우마이야왕조**가 여러 민족을 거느리기 시작하면서부터 칼리프 자리가 세습되었다. 이민족 통치를 정당화하기 위해 권위까지도 계승할 필요가 생긴 것이다. 또 현재의 프랑스를 지배한 **서프랑크왕국**의 경우, 처음에는 제후들의 선거로 국왕을 선출했다. 10세기 초에는 서프랑크가 분열 상태였기 때문에 국왕을 선출하는 각지 제후들이 정치를 좌지우지한 것이다.

[ '왕조 국가'는 같은 혈통의 군주가 통치하는 왕국이다. '세습'이란, 부모가 자식에게 왕위를 물려주는 것을 말한다. ]

키워드
# 9
## '혁명'

### 🧭 급격한 전환은 '혁명', 완만한 전환은 '개혁'

'산업혁명'이나 '프랑스혁명' 등을 통해 익숙한 '혁명'이라는 말은 '이전 체제를 바꾸는 것'을 말한다. 산업혁명 때는 이전에 수공업 중심이던 산업이 기계공업으로 바뀌었다. 프랑스혁명 때는 부르봉왕조의 왕정이 공화정으로 바뀌었다. 프랑스혁명 이후에는 **공화정**이 혼란을 겪다가 **나폴레옹**이 등장하면서 결과적으로 제정으로 바뀌었다. 이렇게 체제가 급진적으로 바뀌는 것을 혁명이라고 부른다. 일본의 **메이지유신**도 **에도 바쿠후**가 정권을 조정으로 반납했기에 일종의 혁명이다. 낡은 체제가 지속되다 보면 대체로 사회 곳곳에 문제가 생기므로 혁명은 역사의 필연이라고 해도 좋을 것이다.

루터의 '**종교개혁**'도 '체제가 바뀌었으니 혁명 아니냐?'라고 생각할 수 있겠다. 그런데 '개혁'이란, **체제가 오랜 시간을 두고 천천히 바뀌는 것, 혹은 개량되는 것**을 말한다. 종교개혁을 통해 가톨릭에 반발한 **프로테스탄트**(개신교)가 생겨났지만, 이는 반세기에 걸쳐 일어난 일이며 가톨릭도 여전히 세력을 유지했으니 '개혁'이라고 보는 것이 맞다. 산업혁명도 반세기 정도 계속된 현상이니 원래는 '개혁'이라고 해야 하지만, 역사에 미친 영향이 워낙 강렬했기에 '혁명'이라고 부른다.

## 왕조의 '평화적' 교체와 '무력적' 교체

혁명의 어원은 중국의 '역성혁명'이다. 중국에는 '군주의 성을 바꾸어 천명을 혁신해야 마땅하다'라는 생각이 있었다.

이 사상을 정립한 이는 유가의 **맹자**다. 맹자는 모든 사람에게는 인(仁)이 있다는 **성선설**을 내세우며 왕이 덕망으로써 정치를 펼쳐야 한다는 왕도정치를 설파했다. 그러나 정치는 종종 타락한다. 맹자는 그 이유를 왕조의 체제 미비에서 찾았다. 그래서 '왕은 덕을 갖추고 있으나 시스템이 나쁘니 바꾸어야 한다'라는 주장을 폈다. 역성혁명에 이론적 정당성을 부여한 것이다. **왕조를 평화적으로 바꾸는 것**은 '선양', **무력으로 바꾸는 것**은 '방벌'이라고 부른다. 중국에서는 평화적으로 제위가 넘어가는 일도 많았지만, 반란으로 왕조가 교체되는 일도 잦았다.

서구에서는 17세기 영국에서 두 번의 시민혁명이 일어났다. 무력을 동원해 내란을 일으켜 국왕을 처형하고 공화정을 세운 **청교도혁명**과 무혈로 국왕을 교체한 **명예혁명**이다. 명예혁명 때는 의회가 군사를 일으켰으니 정말 평화적이었는지에 관해서는 다소 의문이 들기도 한다.

> **요약**
>
> [ '혁명'은 체제를 바꾸는 것이다. 평화적으로 이루어지는 혁명과 무력을 동반하는 혁명이 있다. ]

**키워드**
# 10
## '왕국'과 '제국'

### 🧭 왕국과 제국의 정의는 명쾌하다

'**왕국**'과 '**제국**'은 '군주가 존재한다'라는 점에서는 같다. 그럼, 무엇이 다를까? 왕국은 **단일 민족** 국가, 제국은 **복수 민족**으로 구성된 국가라고 생각하면 된다. 아주 단순하다.

국가가 동일 민족으로 구성되면 모든 것이 쉽게 진행된다. 민족이 같기에 언어와 풍습이 같고, 같은 신을 믿을 것이고, 부를 집약·분배할 때도 호흡을 맞출 수 있다. 통치에 걸림돌이 없는 것이다.

반면, 영토 내에 다양한 민족이 섞여 있는 제국은 잔걱정이 많다. 언어도 다르고, 지역에 따라 풍습도 다르다. 신앙과 역사도 다르다. 여러 민족으로부터 세금을 징수하려 하다 보면 당연히 반발도 일어난다. 민족이

여럿이면 부의 분배도 공평하지 않을 가능성이 있다.

그래서 제국은 통치에 있어 여러 측면을 고심할 수 밖에 없다. 통일을 이룬 군주는 다양한 정책을 통해 통치 시스템을 구축했고, 시행착오를 거듭했다.

## 왕국이 제국이 된 사례

왕국과 제국의 정의를 이용해서 세계사에 등장한 몇몇 국가를 분석해 보자.

먼저 고대 오리엔트의 **아케메네스왕조**. 아케메네스왕조는 처음에는 이란고원 일대만을 지배하는 왕국이었다가 기원전 6세기에 국가가 강대해 지자 **메소포타미아**와 소아시아, **이집트**를 정복하고 오리엔트 세계를 통일했다. 이렇게 복수의 민족을 통치하게 되면서 페르시아는 제국의 면모를 갖추었다.

라틴족이 건설한 **로마공화정**은 지중해 주변의 비 라틴족 지역을 정복하고 기원전 27년에 **옥타비아누스**가 **아우구스투스**(존엄자) 자리에 오르면서 사실상 **제정**이 시작되었다. 옥타비아누스는 많은 권력을 가진 자를 뜻하는 '임페라토르'의 칭호를 여러 차례 받았고, 이는 'emperor(황제)'의 어원이 되었다.

중국에서는 **춘추전국시대**에 진나라의 왕 영정이 세력을 확대했다. 그는 기원전 221년에 중국을 최초로 통일했고, '**황제**' 칭호를 써서 **시황제**로 즉위했다. 시황제는 여러 왕보다 한 단계 위의 존재로서 중앙집권을 실행했고, 이때부터 중국은 수많은 이민족을 통치하게 되었다.

[ '왕국'은 단일 민족, '제국'은 복수의 민족으로 구성된다. ]

**키워드**
# 11
## '농업'과 '상업'

### 🧭 역사는 농업과 함께 시작되었다

**농업**은 세계사의 기본이다. **정치 시스템은 농경이 시작됨에 따라 확립**되었기 때문에 세계사는 농업을 빼고는 이야기할 수 없다. 심지어 농업 생산물을 확인하면 한 나라 역사까지 짐작할 수 있다.

서아시아와 서유럽은 **밀**, **보리** 등을 생산했다. 이는 농경의 기본이다. 이집트 나일강 유역은 예로부터 밀과 보리를 생산하는 지역이었고, 고대 그리스의 도시국가 **폴리스**는 밀과 보리를 손에 넣기 위해 지중해를 누볐다. 흑해 연안 지대에서도 밀을 대량 생산했는데, 근대 러시아는 생산한 밀의 판로를 개척하기 위해 지중해로 남하했다. 흑해 북쪽 해안의 드네프르강 유역이 현재의 우크라이나다. 세계를 떠들썩하게 만든 **러시아**

**의 우크라이나 침공**도 원리를 살펴보면 농경 생산 지대의 이권으로 연결된다.

아시아의 토양이 비옥한 지역에서는 **쌀**을 재배했다. 중국의 경우, 황허강 유역은 밀을 주로 생산했지만, 양쯔강 유역은 쌀을 주로 생산했다. 그래서 양쯔강 북쪽의 화베이와 남쪽 화난은 음식문화가 다르다. 인도도 쌀 재배가 활발했다. 쌀은 밀, 보리에 비해 생산 효율이 높아 동아시아와 남인도에 인구가 밀집하는 원인으로 작용했다.

아메리카 대륙의 주식은 **옥수수**와 **감자**였다. 1492년에 **콜럼버스**가 아메리카 대륙에 상륙한 이후에는 아메리카가 원산지인 이 새로운 작물들이 유라시아에 전해졌다. 옥수수와 감자는 척박한 토양에서도 잘 자랐기에 각지에서 재배되며 세계 역사에 큰 영향을 끼쳤다. 예를 들어, 중국 **청나라** 왕조에서는 새로운 작물이 활발히 재배된 덕에 인구가 급증해 19세기 초에는 4억 명을 넘어섰다고 한다. 이에 환경이 악화하는 등 사회의 불안 요소가 커졌고 결국에는 각지에서 농민반란이 일어났다. 또 19세기 중반 아일랜드에서는 감자 기근이 발생해 수많은 이가 목숨을 잃었다. 살아남기 위해 사람들은 줄지어 미국으로 이민을 떠났다. 아일랜드 땅을 지배하는 영국으로부터 독립하려는 운동도 일어났다.

## 🧭 물물 교환 장소가 도시로 발전했다

농경은 촌락 단위로 이루어졌다. 세계사에서 흔히 볼 수 있는 '**장원**'이라는 용어는 지주가 지배하는 촌락이라고 생각하면 된다. 동서고금을 막론하고 농경은 힘 있는 자들이 소유한 마을에서 이루어졌고, 사람들은 생산물을 집약·분배했다. 농산물의 거래, 즉 **이 이루어지는 장소가 도시**다. 농업 생산량이 늘어나자, 마을과 마을의 중간 지점에서 정기적으로 장이 섰는데 그것이 도시로 발전한 것이다.

> **요약**
> 
> [ '농업'은 세계사의 기본. '농업'은 촌락, '상업'은 도시에서 이루어졌다. ]

**키워드**
# 12
# '봉건제'와 '중앙집권'

## 🧭 봉건제의 뿌리

'봉건제'란, **지방 통치 시스템**(지방분권)을 두루 가리키는 말로서 **군주와 가신의 주종관계**를 나타낸다. 군주는 가신에게 영지(**봉토**)를 주고, 가신은 군주에게 충성을 맹세한 뒤 군대에 부역하거나 공물을 바쳤다. 이 제도는 동서고금에 모두 존재했다. 봉건제 시스템을 알아두면 세계사를 배우는 데 크게 도움이 되겠지만, 이런 말만으로 바로 이해가 되는 것은 아닐 테니 이 제도가 생긴 배경과 원리를 짚어보자.

고대, 중세, 근세에 곳곳의 힘 있는 자들은 영지를 통치하느라 늘 골머리를 앓았다. 백성들은 세금 징수에 반발했고, 영지 밖에서는 무장한 세력이 끊임없이 침입했다. 힘 있는 자들은 사병을 동원해 맞섰지만, 군

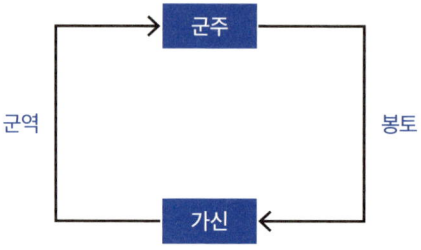

을 운용하는 데는 자금이 들어갈 뿐 아니라, 침입자가 나타나면 큰 피해에 시달려야 했다. 통치자의 바람이 있다면, 백성은 군소리 없이 꼬박꼬박 세금을 내고, 주변 세력은 잠자코 물러나는 것이었다. 그래서 등장한 것이 봉건제. 봉건제를 통해 군주는 가신에게 봉토를 주어 국가의 영토를 넓혔고, 가신은 군주로부터 영토 통치의 정당성을 부여받았다. 군주의 인장을 휘두르면 백성들은 두말 못 하고 세금을 바쳤다. 또 주변의 무뢰한들은 제후의 영토로 침입하기를 망설였다. 군주의 권위가 눈앞에 어른거렸고 사후 보복이 두려웠기 때문이다.

봉건제는 군주와 가신 모두에게 이득이다. 가신에게는 군역의 의무는 있었으나, 주군은 그 외의 것은 일절 간여하지 않았다. 기본적으로 가신의 지방 통치에 간섭할 수 없다는 말이다. 이처럼 봉건제는 **지방 분권적인 통치 시스템**임을 기억해 두자.

## 🧭 분산이냐, 집중이냐

한편, '중앙집권'이란 **정치권력을 중앙정부에 집약시키는 것**을 말한다. 전국을 행정구역으로 나누고, 중앙에서 관료를 파견해 징세와 분배를 맡게 하는, 말 그대로 '중앙'에 '권'한을 '모으는' 시스템이다. **아케메네스왕조**에서는 20개 주에 **태수**(지사)를 파견했다. 한나라에서는 **군현제도**를 실시해 유교적 소양을 갖춘 관료에게 정치를 맡겼다. 세계사에서는 '중앙집권'과 '지방분권'이 왔다 갔다 하니까 자신이 지금 배우고 있는 역사 사건이 어느 쪽에 해당하는지를 항상 따져보는 것이 좋다.

> **요약**
>
> '봉건제'는 봉토와 군역의 관계다. '중앙집권'은 중앙정부에 권력이 집중된 시스템이다.

**키워드**

# 13
# '주권국가'와 '절대왕정'

## 🧭 '주권'이란, 징세권과 군사권

'주권'이라는 단어는 번역어인 탓에 '권'이 '권력(힘)'인지 '권리(요구할 자격)'인지가 분명히 드러나지 않는다. 그런데 사실 주권이란, **주요한 권력**, 더 나아가 '**법과 폭력**'을 말한다. **주권국가**는 16세기 무렵 서유럽에서 탄생한 개념으로 **영토 내의 법과 폭력을 전제적으로 보유하고 국민을 통괄했다**. 그런데 이 설명도 어렵기는 마찬가지다.

0장에서 설명한 '정치'의 원칙으로 돌아가 보자. 정치란, 부의 집약과 분배를 말한다고 했다. 주권국가에서는 정치를 순조롭게 펼쳐나가기 위해 관료제와 상비군을 정비했다. 세금을 징수하는 관리와 거부하는 자를 억압하는 군인을 두 개의 축으로 삼아 원활하게 국가를 운영하려 한 것이다. 그러므로 주권은 ❶징세권과 ❷군사권을 가리킨다고 생각하면 된다. 물론 주권에는 이 외에도 중요한 기능이 있지만, 이 책은 세계사의 원리를 바탕으로 이야기하기 때문에 더 깊게는 다루지 않는다. **징세권은 관료제를 통해, 군사권은 상비군을 통해 운용되었다.** 근대의 서유럽 국가들은 법으로 징세권을 장악했고, 군사권으로 폭력을 독점했다. 따라서 '**주권국가**'란 징세권과 군사권을 영토 내에서 고루 행사할 수 있는 국가다.

### 국왕은 정치 시스템의 일부?

그러나 중세까지 유럽에서는 봉건제가 주류인 탓에 갑자기 주권국가가 생겨나 권력을 장악하자 당연히 지방 제후들은 반발할 수밖에 없었다. 그래서 **주권 행사에 관한 정당성을 확보해야 했다.** 이에 '절대왕정'은 '왕의 권력은 신이 내린 것'이라고 이론적으로 설명했다. 절대왕정을 정당화한 **왕권신수설**은 '신이 내린 권력이니 너희가 사는 땅에서 왕의 관료가 정치 행위를 하는 지극히 당연하다'라는 논리로 제후를 압박했다. 절대왕정으로는 프랑스 부르봉왕조의 **루이 14세**가 유명하다. 루이 14세는 '태양왕'이라고 불렸으며 '짐은 국가다!'라고 부르짖었다. 절대왕정으로 주권국가는 눈부시게 융성했다.

한편, 정치 시스템이라는 면에서 생각하면, 실제로 세금을 징수하는 이는 관료다. 당시 관료의 역할은 **귀족과 성직자**가 맡았다. 지배자층을

'중간 집단'이나 '사단'이라고 부르는 이유는 그들이 왕의 권위를 앞세워 실질적인 정치를 했기 때문이다. 이 때문에 **절대왕정 시대에 국왕의 권력은 허울뿐이었다고 보는 견해도 있다.**

> **요약**
>
> [ '주권국가'는 영토 내에서 징세권과 군사권을 장악한다. 이를 정당화하기 위해 '절대왕정'이 생겨난다. ]

키워드
# 14
# '헌법'과 '의회'

## 🧭 '헌법'은 권력의 폭주를 막는 제동 장치

영국 플랜태저넷왕조에서는 역사상 손꼽히는 혼군, 존 왕이 등장했다. 존 왕은 프랑스에 패해 대륙의 영토를 잃었고, 로마교황에게는 파문당했다. 그런데도 성직자와 귀족에게 세금을 부과했고, 따르지 않는 자는 닥치는 대로 체포했다. 결국, 존 왕은 역공을 맞았다.

역공이란, 1215년에 왕이 **마그나카르타**(대헌장)에 서명한 사건을 가리킨다. 마그나카르타는 성직자와 귀족의 권리를 인정한 문서로서, 말하자면 '**헌법**'에 해당한다. 이로써 국왕의 권력을 제한하고 헌법으로 군주의 권력을 속박하는 **입헌군주정**의 기초가 마련되었다. 헌법이라고 하면 대중의 의무와 권리를 규정한 것처럼 느껴지지만, 원래는 **위정자의 횡포를 막**

**기 위한 것**이다.

## 🧭 입헌군주정과 의회제도는 영국에서 시작되었다

플랜태저넷왕조 때는 의회제도도 확립되었다. 그 흐름을 살펴보자.

존의 아들 헨리 3세는 마그나카르타를 계속 무시하다가 귀족과 성직자에게 노여움을 샀다. 끝내 귀족들의 분노는 폭발했다. 시몽 드 몽포르는 군사를 일으켜 1265년, 왕이 의회 개회를 인정하게 했다. 몽포르의 의회는 귀족과 성직자, 도시의 대표가 모인 신분제 의회였는데, 공식적인 기관이 아니었기에 정착하지는 못했다. 다음 왕 에드워드 1세는 칙령을 내려 1295년에 '**모범의회**'를 소집했다. 이것이 현재로 이어지는 의회제도의 시발점이다. **의회는 원래 왕의 자문 기구였는데 입법을 담당하게 되었고** 훗날 영국 시민혁명을 통해 한층 더 발전했다.

17세기 스튜어트왕조 때 발발한 시민혁명으로는 **청교도혁명**과 **명예혁명**이 있다. 여기서는 의회제도라는 측면부터 설명한다.

시민혁명은 모두 국왕과 의회의 대립 때문에 일어났다. 청교도혁명 때는 의회가 국왕을 처형하고 영국 역사상 유일한 **공화정**을 탄생시켰다. 그러나 과도한 정책 탓에 공화정은 정착되지 못하고 왕정으로 돌아갔다. 또다시 왕과 의회가 대립하자 이번에는 명예혁명이 발발했고, 의회가 중심이 되어 새 국왕을 앉혔다. 이때 **권리 장전**이 제정되었고, **의회가 왕보다**

**우위에 서게 되었다.** 그 후 18세기에는 행정을 담당하는 내각도 의회의 신임을 얻어 구성되는 형태가 정착되면서 **의회 주권**이 확립되었다.

지금은 세계 각지에서 볼 수 있는 **입헌군주제와 의회의 원형이 영국에서 만들어진 것이다.**

> **요약**
>
> '헌법'은 권력의 폭주를 막기 위한 근본 법을 가리킨다. '의회'는 입법을 담당하는 기관이다.

**키워드**
# 15
# '우파'와 '좌파'

## 🧭 어딜 가나 의견은 통일되지 않는 법이다

조직이나 집단에서는 왠지 모르게 의견이 비슷한 사람끼리 뭉치기 마련이다. 그리고 대략 **'우파'**와 **'좌파'**로 나뉜다. '우파'는 **보수파**, '좌파'는 **혁신파**라고 보면 된다. 둘은 어느 시대, 어느 지역에서나 첨예하게 대립했다.

재정난에 시달리던 중국 송나라 때는 **왕안석**이라는 정치인이 신법당을 만들어 혁신적인 정책을 쏟아냈다. 이를 곱지 않게 본 보수적인 구법당은 반발했다. 양측의 치열한 정쟁으로 정치는 혼란에 빠졌고 북방 민족의 압박까지 겹쳐 송나라는 쇠퇴했다.

**정권 운영이나 내전 등에 이 '좌우' 구조를 대입하면 세계사를 이해하기가 쉬워진다.**

## 🧭 건전한 사회에는 건전한 좌우가 존재한다

'모든 사원이 뜻을 하나로 모아 매진하고 있습니다!' 같은 기업 구호를 볼 때가 있다. 그런데 전원이 의사가 같다면, 오히려 건전하지 않다는 느낌이 든다.

19세기 후반의 영국은 **'팍스 브리태니커'**라고 불리는 전성기를 맞았다. 정치는 보수당과 자유당이 번갈아 가며 집권했다. '정권 교체가 잦으면 정국이 불안정했겠네?'라고 생각할지도 모르겠다. 하지만 당시 영국은 보수당 정권이 제국주의적인 국외 확대 정책을 추진하면, 자유당 정권에서는 자유주의적인 국내 행정 개혁을 추진하는 등 정치적 균형이 잘 잡혀 있었다. **우파와 좌파가 팽팽하게 맞서면 부패를 막을 수 있어 오히려 정치가 안정**된다는 말이다.

독립 초기의 미국은 보수적인 연방파와 혁신적인 반연방파의 갈등이 심각했다. 미합중국 헌법을 제정한 헌법 제정 의회에서는 국가 시스템을 중시하는 의미로 연방에 권력을 줄지, 각 주의 권력에 무게를 둘지 의견이 갈렸다. 그래서 초대 대통령 워싱턴은 국무장관에 반연방파, 재무장관에 연방파 인물을 앉혔다. '이제부터 민주주의 국가를 만들겠다'라는 미국의 기개가 엿보이는 대목이다.

**요약**

'우파'는 보수파, '좌파'는 혁신파다.

**키워드**
# 16
# '근대화'와 '자유주의'

## 🧭 '근대화'를 정의해 보자

'근대화'란 뭘까? 학생들에게 질문하면 공장 건설, 철도 부설, 군대 강화 등의 대답이 돌아온다. 다 맞는 말이지만, 여기서는 좀 더 파고들어 간결하게 정의를 내려 보려고 한다.

**근대화란, '낡은 제도(앙시앵레짐)를 타파하는 것'**이다. 우선 이 원칙을 알아두자. 서유럽 국가들, 특히 프랑스는 근세에 들어서도 비교적 봉건적인 국가체제를 유지했다. 각지의 영주는 **장원**에서 **농노**를 제멋대로 부렸고, **로마 가톨릭교회**는 여전히 강한 권위를 유지했다. 부르봉왕조의 절대왕정이 지속되는 가운데 궁정의 사치는 끊이지 않았고, 그 결과 백성들은 날로 궁핍해졌다.

그래서 18세기 프랑스에서는 낡은 체제를 타파할 방법을 여러모로 고민한 **계몽사상**이 발전했다. 구체적으로 보면 볼테르는 영국의 의회제도를 모방해야 한다고 말했고, **몽테스키외**는 삼권분립을 주창했으며, **루소**는 인민주권을 주장했다. 그들의 계몽사상이 각지에 파급되어 근대화를 촉진했다. 미국독립혁명과 프랑스혁명도 이와 같은 맥락에서 발발한 것이다.

## 나폴레옹이 전파한 '자유주의'

'자유주의'란, **개인의 자유를 우선시하는 사상**으로서 계몽주의가 기본 인권의 원리를 발전시킨 결과 나타난 풍조다. 전근대 사회에서는 개인의 소유권, 참정권이 인정되지 않았고, 경제 활동은 국가의 제한을 받았다. 그런데 자유주의는 이런 제약에서 탈피해 개인의 자유를 국가와 정부가 인정하라고 부르짖었다. '근대화'와 마찬가지로 **낡은 체제를 해체하려는 사상**이었다는 말이다.

자유주의는 **프랑스혁명**과 **나폴레옹**을 기점으로 전 세계로 퍼졌다. 1789년에 시작된 프랑스혁명 때 **인권 선언**이 나오면서 일련의 혁명은 정당행위로 인정되었다. 나아가 나폴레옹은 1804년에 **나폴레옹법전**(프랑스 민법전)을 제정해 혁명의 성과를 정리했다. 인권 선언과 나폴레옹법전에는 저항권과 사유재산 불가침 등 근대시민법의 원리가 집약되어 있어 근대화와 자유주의의 정수라고 평가할 수 있다.

19세기에는 전 세계에 자유주의의 폭풍이 몰아쳤다. "이번에는 우리가 봉건제를 무너뜨리겠다!"라는 기운이 하늘을 찔렀다. 서유럽 국가들이 근대화의 발걸음을 재촉하자 그 조류는 아시아로도 퍼져나갔다.

**요약**

[ '근대화'는 낡은 체제의 해체, '자유주의'는 개인을 우선시하는 사상을 가리킨다. 이 두 풍조는 19세기에 전 세계로 퍼졌다. ]

키워드
# 17
# '산업혁명'과 '자본주의'

## 🧭 '산업혁명'이 영국에서 일어난 이유

**산업혁명**은 '수공업 중심의 산업이 기계공업으로 바뀐 기술혁신'을 말한다. 기계를 이용해 대량 생산을 실현한 것인데 18세기 후반 영국에서 최초로 일어난 것으로 알려진다. 당시 영국은 인도에서 면포를 수입했다. 인도산 면포는 가볍고 질기며 저렴했기 때문에 엄청나게 팔려 나갔고, 그 바람에 영국의 모직 생산이 위협을 받았다. 이에 정부는 인도산 면포의 수입을 금지했다. 인도산 면포를 잊을 수 없었던 영국인들은 직접 생산에 뛰어들었다. 바로 이 면포 공업을 통해 산업혁명이 시작되었다.

한 가지 명심할 점은 **산업혁명은 1760년경에 시작되어 1830년경에 대체로 끝났다**는 점이다. 이 연대 감각을 익혀 두면, 자본주의의 성립부터 사회

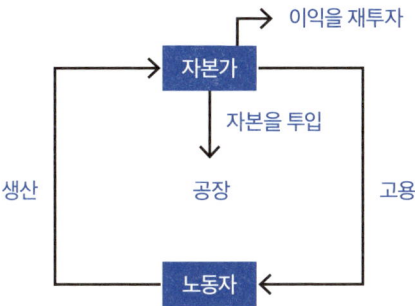

주의의 움직임, 19세기의 여러 혁명 등을 이해하기가 쉬워진다.

그렇다면 산업혁명은 왜 영국에서 시작되었을까? 그 배경으로는 다음 세 가지를 들 수 있다. ❶자본이 축적되어 있었다, ❷시장이 존재했다, ❸노동력이 확보되어 있었다. 이를 조금 더 상세히 살펴보자.

❶→ 영국에서는 17세기에 시민혁명이 일어난 뒤, 시민들은 활발하게 자유로운 상업활동을 했고, 노예무역으로 얻은 이익을 통해 거대한 자본을 형성했다. ❷→ 영국에는 인도를 비롯한 광활한 식민지가 있었다. ❸→ 산업혁명이 일어나자 생산 효율이 올라간 영국 농촌에서 농민들이 쫓겨났다. 그들은 도시로 유입되었고, 공장노동자가 되었다.

다소 학원 강의 같은 설명이지만, **산업혁명이 영국에서 일어난 배경**만큼은 꼭 알아두자.

## '자본주의'의 구조와 모순

산업혁명이 진전됨에 따라 19세기 전반에는 **자본주의**가 확립되었다. **자본가**(부르주아)가 자본을 투입해 공장을 만들고, 거기서 **노동자**(프롤레타리아)가 **작업에 종사**하는, 이 이중 구조가 바로 자본주의다. 자본가는 이익을 얻으면 노동자에 대한 배분은 적당히 끝내고, 새롭게 자본을 들여 공장을 증축함으로써 더 큰 이익을 추구했다. 이 체제는 다양한 모순을 내포하기에 머지않아 큰 문제가 될 것임은 쉽게 상상할 수 있다. **자본주의는 부르주아에 너무나도 유리한 시스템**이다.

> **요약**
>
> '산업혁명'이 진전되자 자본가가 노동자를 고용해서 생산을 떠맡기는 '자본주의'가 성립했다.

**키워드**
# 18
## '사회주의'

### 🧭 자본가가 있는 곳에 노동자가 있다

**자본주의**가 발전하면서 다양한 문제가 발생했다. 자본주의는 어쨌든 자본가에게 유리한 시스템이다. 저임금, 열악한 환경 아래 노동자를 장시간 부리는 일들이 비일비재했고, 어린이와 여성의 과중한 노동이 사회 문제로 떠올랐다. 곤궁한 노동자들은 자본가와 격렬하게 대립했고, 각지에서 기계 파괴 운동이 일어났다. 애써 큰돈을 쏟아부어 마련한 기계가 파손되다니 자본가로서는 참을 수 없는 일이었다. 각지에서 노동조합을 결성하자, 자본가들은 정부와 흥정해 이를 방해하고 나섰다. 그러나 격렬해지는 노동 운동을 더 이상 막지 못했고, 결국 자본가들은 서서히 노동자의 처우를 개선하기 시작했다.

자본주의는 모순이 많았고, 그 모순을 해소하기 위해 '**사회주의**' 사상이 탄생했다. **자본가의 사유재산을 폐지하고 공장 등 생산수단을 노동자가 공유함으로써 평등하고 우애 넘치는 사회를 만들려는 사상**이다. 다시 말해, '자본가를 몰아내자'라는 의미다. 19세기 중반부터 시작된 이 움직임은 역사의 필연이라고 할 수 있다. 다만, 사회주의에도 다양한 방법론이 있기에 아래에 설명을 추가한다.

## 🧭 사회주의의 이상과 좌절

자본가 **오언**은 이상적인 공장을 만들어 노동자의 처우를 개선했다. 노동자를 보호하는 **공장법** 제정에 힘썼고, 미국에 뉴하모니라는 공동체를 설립했지만, 결국 운동은 좌절되었다. 노동자를 보호하다 보니 인건비가 늘어나 가격 경쟁에서 질 수밖에 없었기 때문이다. **생시몽**은 신 그리스도교를 제창해 신앙을 통해 사상을 혁신하고자 했지만, 인간의 본능을 극복하지 못하고 실패로 끝났다. 또 프루동과 바쿠닌은 '무정부주의'를 이론화하지만, 너무 극단적이어서 받아들여지지 않았다.

그리하여 과도한 이상을 목표로 한 활동들은 시들해졌고, **마르크스**와 **엥겔스**의 '**과학적 사회주의(=공산주의)**'가 사회주의의 주류로 자리 잡았다. 마르크스는 계급투쟁을 주장했는데, **노동자가 자본가를 타도해 사회주의가 실현되는 것은 역사의 필연**이라고 생각했다. 요컨대 '노동자가 혁명을 일으킬 것'이라고 예언한 것이다. 1917년에는 마르크스의 사상을 바탕으로 **러시아혁명**이 일어났고 실제로 사회주의 정권이 들어섰으니, 그의 예언은 적중했다고 할 수 있다. 그러나 지금은 소련을 비롯한 많은 사회주의 국가가 해체된 상태다.

> **요약**
>
> '사회주의'란, 노동자가 생산수단을 공유해 평등한 사회를 만들려는 사상이다.

**키워드**
# 19
# '내셔널리즘'

## 🧭 공교육이 가르치는 내용

**프랑스혁명**이 잠잠해지자, **나폴레옹**은 1799년 통령 정부를 수립했다. 공교육 제도는 이때 탄생했다. 아이들이 프랑스의 언어와 역사를 배웠고, 이를 통해 하나의 민족적 뿌리를 가진 '프랑스 국민'이 형성되었다. 이처럼 <u>국민 또는 민족으로 구성된 정치 공동체를 중시하는 사상</u>을 '내셔널리즘'이라고 부른다.

나폴레옹은 내셔널리즘을 이용해 국민군을 지휘했기에 강력한 군대를 보유할 수 있었다. 19세기 초만 해도 서구 국가의 상비군은 병사들을 다양한 지역에서 끌어모은 탓에 군의 사기가 높지 않았고, 명령도 제대로 전달되지 않았다. 봉건적인 국가가 많았기 때문이다. 그런데 프랑스군은 혁명의 이념을 실현하고자 모인 병사들의 조직이었기에 조국을 위해 목숨을 걸고 싸웠다. 내셔널리즘으로 똘똘 뭉친 국민군은 나폴레옹의 손과 발이 되어 복잡한 작전도 훌륭하게 수행했다.

## 내셔널리즘의 빛과 그림자

내셔널리즘은 프랑스혁명과 나폴레옹 덕에 **자유주의**와 함께 전 세계로 퍼져나갔다. 1800년대에는 각지에서 독립운동과 통일운동이 일어났다. 내셔널리즘은 민족주의, 국민주의, 국가주의 개념으로 나눌 수 있는데, 19세기 전반에는 특히 민족주의가 두드러졌다. **오스만제국령**이었던 그리스와 이집트가 민족 항쟁 끝에 독립을 이루었고, 스페인의 지배를 받던 라틴 아메리카 국가들도 독립했다.

19세기 후반에는 국민주의 기치 아래 이탈리아와 독일이 통일을 이루었다. 이 두 나라는 약 천 년에 걸쳐 분열되어 있었으므로 국가의 통일이 민족의 소원이었다. 일본의 **메이지유신**도 같은 맥락에서 이해할 수 있다. 다이묘가 각지의 번을 통치하던 에도 바쿠후가 무너지고, '일본 국민'이라는 개념이 만들어진 것이다. 그리고 표준어와 일본 역사를 가르치기 시작했다.

한편, **자국의 이익을 최우선시하는 국가주의는 20세기에 파시즘의 근본 사상으로 자리 잡아 타민족을 희생시키고, 자국의 영토를 확장하는 데 이용되었다.**

이처럼 내셔널리즘은 역사에 큰 상흔을 남겼다.

**'내셔널리즘'이란, 민족과 국민을 중시하는 사상이다.**

**키워드 20**

# '식민지'와 '제국주의'

## 식민지를 탐낸 이유

**식민지**란, **본국에서 건너온 이주자에게 경제적 개발 권리가 넘어가 예속되는 나라**를 말한다. 예로부터 거대 제국은 본국에 예속시킨 영토를 지배했다. 현대로 이어지는 식민지 지배의 기원은 **콜럼버스**의 아메리카 상륙에서 찾을 수 있다. 그 후 스페인과 포르투갈은 라틴 아메리카 각지를 식민지로 거느리며 플랜테이션(대규모 농장) 경영과 광산 개발을 통해 막대한 부를 거머쥐었다. 또 네덜란드와 영국, 프랑스도 아시아, 아프리카, 아메리카 각지에 식민지를 늘려나갔다.

제국주의 국가들이 **식민지를 탐낸 이유는 무엇일까?** 바로 **순전히 자국의 이익을 위해서다**. 16세기 이후, **식민지 획득의 목적은 '원료 공급'이었다**. 제국주의 국가들은 사탕수수와 담배, 면화 등을 식민지 플랜테이션에서 재배했다. 원주민은 제 손으로 재배했으면서도 이러한 상품 작물을 입에 댈 수 없어 늘 식량 부족에 시달렸다. 원주민 인구는 가혹한 노동과 유럽에서 전파된 감염병으로 인해 눈에 띄게 감소했다. 식민지 지배가 피지배 지역의 삶을 철저히 파괴한 것이다.

## 상품 제조 노동은 식민지를 이용하라!

18세기 후반, 영국에서 산업혁명이 일어나자 식민지 지배의 목적은 '시장' 획득으로 바뀌기 시작했다. 본국에서 생산한 값싼 제품을 식민지에서 팔아치운 것이다. 영국의 면포 판매시장으로 전락한 인도에서는 전통 수직 면포 산업이 몰락했다. 또 식민지 지배로 인해 상품 경제와 화폐 경제가 인도에 침투하자 기존의 자급자족 촌락 사회가 무너졌고, 사회 불안이 커졌다. 참다못한 인도인들은 1857년 '인도 대반란'을 일으켰다. 영국은 이를 진압하고 무굴 제국을 멸망시켰다. 이는 구미 열강이 아시아를 침략한 대표적인 사례다.

19세기 말, 산업혁명은 과도기를 맞았다. 제2차 산업혁명이 일어나자, 중화학공업이 발전하고 산업의 규모가 급격히 커졌다. 각 열강은 식민지에 '자본을 투하'하고 이익을 챙겼다. 즉, 공장을 짓고 광산을 채굴했으며 철도를 깔아 현지에서 이윤을 남긴 것이다.

자본을 쏟아부으려면, 그 이전에 각자의 세력 범위를 명확하게 할 필요가 있었다. 그래서 19세기 말에서 20세기 초, **각 열강은 세계를 재분할했다.** 이러한 움직임을 '**제국주의**'라고 한다.

[ 　열강은 '식민지'에 자본을 투입했고, '제국주의'는 세계를 재분할했다.　 ]

## 알아두면 도움 되는 세계사의 '기본 시기'

| | 유럽 | 서아시아 | 남아시아 | 동아시아 |
|---|---|---|---|---|
| 기원전 1000년 | | | | |
| | | **기원전 7세기**<br>아시리아왕국이 오리엔트를 통일 | | |
| | **기원전 500년**<br>페르시아 전쟁 발발<br>**기원전 5세기 중반**<br>아테네의 전성기 | **기원전 500년경**<br>아케메네스왕조(페르시아)의 전성기 | **기원전 500년경?**<br>석가모니가 불교를 창시<br>**기원전 4세기 말**<br>마우리아왕조가 인도 최초 통일 왕조를 건국 | **기원전 500년경**<br>공자가 활약 |
| | **기원전 334년**<br>마케도니아의 알렉산드로스 대왕이 동방 원정을 시작 | | | **기원전 221년**<br>진나라가 중국을 통일<br>**기원전 202년**<br>한나라 건국 |
| 0년 | **기원전 27년**<br>로마제정 시작<br>**1세기 전반**<br>예수가 활동 | | | **1세기 전반**<br>일본에서 국가 출현 |
| | **2세기경**<br>로마제국의 전성기 | **3세기**<br>사산왕조(페르시아) 건국 | **4세기경**<br>힌두교 확산 | **3세기경**<br>일본의 고분 시대 |
| | **4세기 후반**<br>게르만족의 대이동 시작<br>**395년**<br>로마제국의 동서 분열 | | | **5~6세기**<br>중국의 남북조 시대<br>**581년**<br>수나라 건국 |
| | **6세기**<br>동로마제국(비잔틴제국)의 전성기 | **622년**<br>헤지라(성스러운 이주)를 통해 이슬람교 성립<br>**750년**<br>아바스왕조 성립 | | **618년**<br>당나라 건국<br>**676년**<br>신라가 한반도를 통일<br>**794년**<br>일본 헤이안 시대 진입 |
| | **800년**<br>프랑크왕국에서 칼 대관식 | | | **960년**<br>송나라 건국 |
| 1000년 | | | | |

| | 아메리카 | 유럽 | 서·남아시아 | 동아시아 |
|---|---|---|---|---|
| 1000년 | | | **1055년**<br>셀주크왕조가 술탄 칭호를 획득 | |
| | | **1096년**<br>십자군 개시 | | **1126년**<br>여진족이 세운 금나라가 화베이를 점령<br>**1185년경**<br>일본 가마쿠라 시대 진입 |
| | **1200년경**<br>안데스 지방에 잉카제국 건국 | **1215년**<br>영국에서 마그나카르타 제정 | | **1206년**<br>칭기즈칸 즉위 |
| | | **1339년**<br>영국과 프랑스의 백년전쟁 발발 | **1300년경**<br>오스만제국 건국 | **13세기**<br>몽골 민족이 유라시아를 지배<br>**13세기 후반**<br>일본이 여몽 연합군을 물리침<br>**1368년**<br>명나라 건국<br>**1392년**<br>조선 왕조 건국 |
| | **15세기**<br>아스테카왕국이 멕시코 일대를 지배 | **15세기경**<br>이탈리아 르네상스 시작 | | |
| 1500년 | **1492년**<br>콜럼버스가 아메리카 대륙에 상륙 | **1453년**<br>비잔틴제국 멸망<br>**1517년**<br>루터의 종교개혁 시작 | **1526년**<br>무굴제국(인도) 건국 | |
| | **16세기 전반**<br>아스테카왕국과 잉카제국이 스페인에 멸망 | **16세기**<br>스페인의 전성기<br>**17세기**<br>영국에서 시민혁명 발발<br>**17세기 후반**<br>프랑스 부르봉왕조 루이 14세의 절대왕정 전성기<br>**18세기 후반**<br>영국에서 산업혁명 시작<br>**1789년**<br>프랑스혁명 발발<br>**1804년**<br>나폴레옹 1세가 제정 개시<br>**1848년**<br>2월 혁명 발발<br>**19세기 말**<br>제국주의의 시대<br>**1914년**<br>제1차 세계 대전 발발<br>**1917년**<br>러시아혁명 발발<br>**1939년**<br>제2차 세계 대전 발발 | **16~17세기**<br>오스만제국의 전성기<br><br><br><br><br><br><br><br><br><br><br><br><br><br><br><br>**1858년**<br>무굴제국 멸망<br>**1869년**<br>수에즈 운하 개통<br><br><br><br><br>**1923년**<br>튀르키예 공화국 건국 | **16세기**<br>명나라가 북로남왜로 인해 혼란을 겪음<br>**16세기경**<br>일본 전국시대<br>**1603년**<br>일본 에도시대 진입<br>**1644년**<br>청나라가 중국을 지배 |
| | **1776년**<br>미국 독립 선언 | | | |
| | **19세기 전반**<br>라틴 아메리카 국가들 독립<br>**1861년**<br>남북 전쟁 발발<br>**1929년**<br>세계공황 발생 | | | **1840년**<br>아편전쟁 발발<br>**1868년**<br>일본 메이지유신 시작<br>**1904년**<br>러일전쟁 발발<br>**1911년**<br>신해혁명 발발<br>**1949년**<br>중화인민공화국 건국 |
| 2000년 | | | | |

## 알아두면 도움 되는 세계사의 '기본 지명'

### 유럽

### 서아시아·중앙아시아

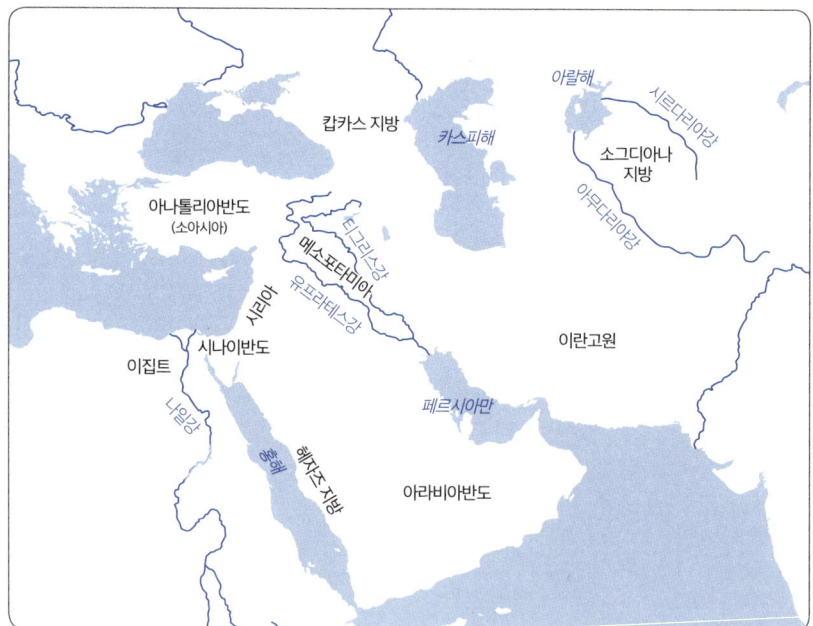

## 남아시아·동남아시아·동아시아

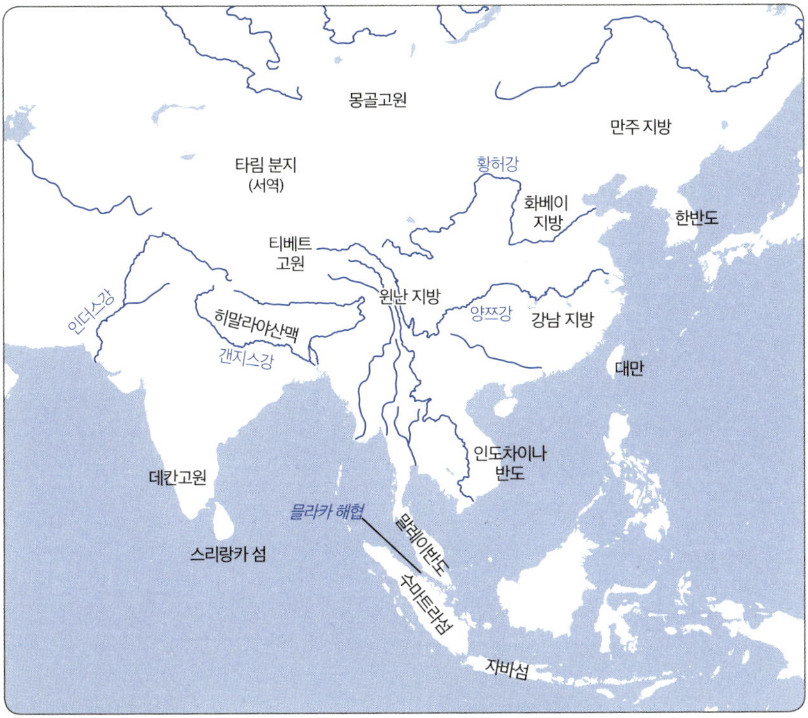

## 아메리카 대륙

## 아프리카

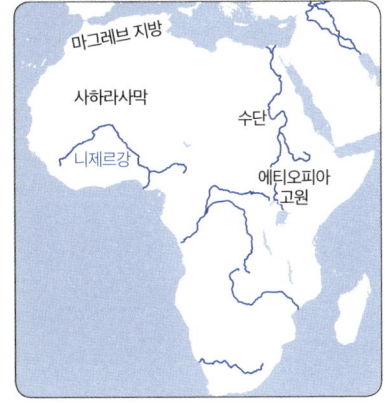

제 **2** 장

# 세계사를 움직인 12가지 '패턴'을 알아보자

**패턴**
# 1
# 체제를 유지하기 위한 수단

- 원조는 수메르인

## ☼ 개요

호모 사피엔스는 계급을 만들고 **부를 집약·분배**했다(→ 0장). 어느 시대, 어느 장소든 이 시스템은 비슷하다. 늘어난 인구를 통합하는 데는 피라미드형 계급 구조(→ **키워드 7**)가 가장 적합했다.

그러나 이 시스템이 언제, 어디서나 잘 통했는가 하면 그렇지는 않다. **인간의 본능이 정치체제를 거부**하기 때문이다(→ **키워드 5**). 대중은 생산물을 최대한 많이 갖고 싶어 했지만, 지배자는 징세라는 명목으로 부를 빼앗았다. 세금이 환원되기는 해도 분배 비율을 결정하는 과정은 공개되지 않았다. 분배는 합리적이지 않았다. 그래서 지배층에 대한 대중의 불만은 날로 높아졌다.

지배자는 온갖 방법으로 계급 체제를 유지하려 했다. 앞으로 설명할 **세계사의 모든 제도와 법률, 정책은 체제를 유지하기 위해 만들어진 것**이다. 이 점을 염두에 두면서 역사 속 사건에 각 '패턴'을 적용해 보기 바란다.

> 패턴 해설

## 신이 된 호모 사피엔스  – 신권정치

모든 인류는 생물학적으로 동일한 호모 사피엔스다. 그런데 우리는 계급 사회(→ 키워드 1)를 만들어 냈다. 인간이 인간 위에 서는 시스템 속에서 신분의 격차가 생겼다. 생김새가 같은데도 착취하는 인간과 착취당하는 인간으로 나뉘는, 그야말로 어마어마한 모순이 생긴 것이다.

이 역설을 해소하기 위해 **호모 사피엔스 사이에 인간이 아닌 존재가 나타났다**. '신'이다. 때로는 신이 되고, 때로는 신의 대리인이 되어 계급 피라미드의 정점에 올라선 왕은 신의 권위(→ 키워드 3)를 가졌다. 이처럼 국가 통치에 신의 권위를 사용한 정치 형태를 **신권정치**라고 부른다. 대중은 왕의 권위에 경외감을 느끼며 왕의 지배에 순종했다.

신권정치는 모든 지역, 모든 시대에 등장한다. **메소포타미아** 지역에 가장 먼저 문명을 쌓아 올린 **수메르인**은 국왕이 신의 권위를 내세우며 통치의 정당성을 강조했다. 고대 이집트의 군주는 **파라오**라고 불리며 태양신 라의 아들로 여겨졌다. 안데스 지대에 있던 **잉카제국**에서도 황제는 태양신 인티의 아들이었다. 멀리 떨어진 문명인데도 신권정치라는 유사성이 발견된다는 말이다.

**진나라 시황제**는 태산에서 봉선이라는 의식을 열어 전설 속 삼황오제를 모방해 자신의 즉위를 천하에 알렸다. **로마제국** 초기의 황제는 자신을 '으뜸 시민'이라고 칭하며 **원로원**과 평민회를 배려했지만, 제정 말기의 황제 **디오클레티아누스**는 자신을 유피테르(주피터) 신에 빗대어 황제 숭배를 강요했다. 당시 로마제국은 분열 상태였고, **재통일을 이룰 방법으로는 신권정치가 가장 쉽고 빠른 길**이라고 판단했기 때문일 것이다.

## 메시지 전달 게임은 그만! – 문자의 발명

조직을 효율적으로 움직이려면 지시를 조직의 말단까지 잘 전달해야 한다. 특히 공동 작업을 해야 하는 농업이나 토목 사업에서는 명령이 잘못 전달되거나 늦게 전달되면 계획에 지장을 초래한다. 군사행동을 일으킬 때도 마찬가지다. 지휘 계통을 일원화해 전체 군이 작전을 유기적으로 수행해야지, 그렇지 않으면 이기는 싸움도 질 수 있다. 이처럼 **국가의 영토가 넓어지면 광활한 영토를 지배하기 위해 정확한 정보 전달이 필수 요소로 등장한다.**

학창 시절 오락 시간에 했던 메시지 전달 게임을 떠올려 보자. 결과를 보면 시작 지점의 내용과 끝 지점의 내용이 늘 달랐다. 여러 사람을 거칠수록 정보의 오류가 늘어난다. 메시지 전달 게임은 '목소리'에 의지해 정보를 전달하므로 정확한 정보를 유지하기가 어렵다. 그래서 문자(→ **키워드 2**)가 등장했다. **문명이란, '문자'가 '어둠을 깬 것'을 말한다.** 그리하여 인류는 문자를 발명함으로써 역사를 엮어낼 수 있게 되었다.

메소포타미아문명을 일으킨 수메르인들은 **점토판**에 **쐐기문자**를 새겼다. 이 문자는 처음에는 농작물의 수확량이나 가축 수를 기록하는 데 쓰이다가 나중에는 신화와 법전을 기록하는 데 쓰였다. 수메르인의 역사는 쐐기문자를 해독할 수 있게 되면서 밝혀진 것이다.

이집트문명은 **신성문자(히에로그리프)**를 사용했다. 우리가 이집트의 역사를 아는 것은 로제타석이라는 비석에 새겨진 문자를 해독해 낸 덕분이다. 로제타석은 대영박물관에 소장되어 있다. 런던을 방문하면 꼭 보기 바란다.

한편 인더스문명의 인장에 새겨진 **인더스문자**는 아직도 해독을 못 하고 있다. 인더스문명에서는 궁궐이나 왕의 묘가 발견되지 않아 왕권이 존재하지 않았던 것 아니냐는 말까지 나오고 있기에 문자 해독이 더 기다려진다.

황허문명에서는 **갑골문자**를 사용했다. 거북의 등과 짐승 뼈가 갈라진 모양을 보고 왕이 신의 뜻을 점친 뒤 글자를 새겨 백성에게 명령을 전달한 것인데, 이것이 바로 한자의 기원이다.

'**고대 문명에서는 문자를 이용해 명령을 전달**하는' 것이 동서고금의 공통 패턴이다. 지역에 따라 명칭과 특징이 어떻게 차이 나는지만 알면 된다.

##  입시학원 팸플릿과 합격 실적 – 신화와 역사

**신화와 역사는 지배자가 부를 집약하는 행위의 정당성을 보여주기 위해 만들어진 것이다.** 신화는 세계가 창조되는 과정이나 신들의 계보와 현 왕조와의 관계를 나타낸 이야기며, 역사는 현 왕조에 이르는 사실과 사건을 엮은 이야기다. 신화와 역사는 '이 나라에는 아주 위대한 신화와 아주 오랜 역사가 있다'라는 권위(→ **키워드 3**)를 드러냄으로써 대중을 손쉽게 지배하는 효과가 있다.

입시학원의 예를 생각하면 쉽게 이해될 것이다. 학원 입구에 팸플릿이 잔뜩 쌓여 있고, 로비의 한쪽 벽에는 합격자 이름이 쭉 걸려 있다. 팸플릿에 적힌 대로 '이 학원에 들어오면 이렇게 좋은 일이 생긴다!'라는 내용을 뒷받침하려면 '우리 학원이 명문대 합격생을 이렇게 많이 배출한다!'라는 근거를 제시해야 한다. 팸플릿이 신화, 합격 실적이 역사라고 할 수 있다. 신화와 역사라는 두 개의 수단으로 학원의 정당성을 호소하는 것이다.

수메르인들은 『길가메시 서사시』를 남겼다. 이는 도시국가 우루크의 왕 길가메시의 모험담을 읊은 시로서 세계에서 가장 오래된 문학 작품으로 알려져 있다. 『**구약성서**』 속 노아의 방주 전설 등 후세 작품에 큰 영향을 준 이야기이기도 하다.

고대 그리스라고 하면 그리스 신화가 떠오른다. 올림포스 12신이 중심인, 지극히 인간적인 성격을 가진 신들의 에피소드다. 호메로스가 쓴 서사시 『일리아스』는 그리스 신화의 흐름을 잇는 영웅들이 아시아를 상대로 벌인 트로이 전쟁을 그렸다. 고대 그리스의 도시국가인 **폴리스**들이 뭉쳐서 **아케메네스왕조** 페르시아와 **그리스·페르시아 전쟁**(→ 패턴 2)을 벌였을 때는 "그리스인이여! 트로이 전쟁을 떠올리며 용감하게 싸우자!"라고 외쳐 폴리스를 일치단결시켰다고 한다.

기원전 30년, **로마**는 이집트를 정복해 지중해를 내해로 삼는 대제국(→ 키워드 10)으로 발전했고, 광활한 영토에 라틴족 이외의 민족까지 거느렸다. 그러자 이민족 지배를 정당화할 모종의 장치가 필요해졌고 바로 그 시기에 로마의 건국을 그린 『아이네이스』가 탄생했다. 시인 베르길리우스가 지은 이 서사시는 트로이 전쟁에서 패배한 아이네이스가 고난 끝에 이탈리아에 도착한다는 이야기로 로마 건국에 이르는 신화적인 주제를 다루면서 제국의 창건을 기렸다.

또한 역사가 **리비우스**는 『로마 건국사』를 저술했다. 그는 초대 황제 아우구스투스에게 후한 대접을 받으며 건국부터 기원전 9년까지의 로마사를 기록했다. 제정 로마의 정당성을 역사적 관점에서 문자로 드러내기 위한 수단이었다. **게르만족과 켈트족 등 다른 민족에게 라틴어를 침투시키기 위해서도 신화와 역사를 활용**했음을 기억해 두자.

중국 왕조에서는 사관이 역사 편찬을 담당했다. 왕조가 끝없이 교체된(→ 키워드 8·9) 중화 제국에서는 '왕조를 교체한 것은 정당행위였다. 우리 왕조야말로 옳다!'라는 것을 매번 보여주어야 했다. 중국 최초의 통사는 사마천의 『**사기**』로, 전설 시대부터 **전한**의 전성기였던 **무제** 시대까지의 역사를 **기전체**로 기록한 책이다. 기전체란, 중국 역사서의 표준 형식으로서 황제의 연대기인 본기와 그 이외 인물의 열전으로 나누어 기술하는 방식을 말한다. 전한 이후의 역대 왕조에서는 전대까지의 역사서를 황제의 칙명에 따라 편찬했다. 그리하여 중국사는 상세한 역사가 남아 있는 까닭에 쓸데없이 세밀해서 수험생을 괴롭히고 있다.

## 도쿄 스카이트리도 신앙의 대상? -거대 건축물

사람들이 곳곳에 고층 타워와 빌딩을 잇달아 짓는 행위는 큰 건물을 동경하는 인간의 본성에서 비롯된 것인지도 모른다. 거대한 물체는 경외심을 불러일으킨다. 그런 관점에서 역사에 남은 거대한 건조물을 살펴보려 한다.

앞에서도 여러 번 언급한 수메르인은 각지에 **지구라트**라는 성탑을 세웠다. 벽돌로 만든 이 건물은 여러 층의 구조를 이루며, 기층 위에 신전이 서 있다.

우르의 지구라트

고대 이집트의 **피라미드**도 유명하다. 피라미드를 만든 이유는 아직 밝혀지지 않았지만, 이집트 고왕국 시기(기원전 27세기~기원전 22세기)에만 건설되었고, 그 외 시기에는 건설된 흔적을 찾아볼 수 없다. 비용 대비 효과가 적었던 것일까?

진시황은 자신의 능묘에 **병마용**이라는 도자기 병사와 말을 빚어 넣었다. 사진 등을 통해 본 적이 있겠지만, 도자기로 빚은 병사와 말 인형이 빽빽하고도 가지런히 늘어선 광경은 대단히 인상적이다.

**춘추전국시대**부터는 군주의 무덤에 신하들이 함께 묻히는 순장 풍습 대신 도자기 인형을 무덤에 넣었다. 능묘 유적은 부근 농민들이 우연히 발견했다고 한다. 내가 방문했을 때는 능묘를 발견했다는 할아버지가 접수처에 앉아 팸플릿에 돈을 받고 사인을 해주고 있었다.

진시황은 아방궁이라는 호화로운 궁궐을 지었고, 북방에는 **만리장성**을 건축하는 등 대규모 토목 사업을 벌였다. 이 사업들은 대중에게 큰 부담을 주었고, 급격한 중앙집권화에 대한 반발까지 맞물려 진승·오광의 난이라는 큰 반란이 일어났다. 그리고 진나라는 통일 후 불과 15년 만에 멸망하고 말았다.

고대 로마 문명의 큰 특징은 건축에 있다. 황제의 권위를 보여주는 대표적인 사례는 개선문이다. 특히 **콘스탄티누스대제**를 축하했던 화려한 개선문은 지금도 로마 시내에 자리 잡고 있다. 콘스탄티누스대제는 4세기 초에 로마제국을 재통일한 현군으로, **그리스도교를 공인**하는 등 입시 세계사에서 중요 인물 중 한 명이다.

개선문에서 멀지 않은 곳에는 그 유명한 원형 투기장, **콜로세움**이 있다. 그 밖에도 로마에는 신들을 모신 판테온과 종합 오락 기관이었던 **목욕탕**이 세워졌다. 사회 기반 시설 정비는 로마가 가장 잘하는 분야다. 속주 갈리아(현 프랑스)에 지금도 그 모습을 간직하고 있는 가르교는 **로마의 치밀한 건축 기술을 잘 보여준다. 로마의 거대한 건축물은 지배의 정당성을 보여주는 효능과 함께 그 실용성으로 인해 대중의 불만을 해소하는 역할까지 하면서 광활한 영토를 통치하는 토대가 되었다.**

나는 여행사에 취직하면서 도쿄에 처음 왔는데, 괴로운 일이 있을 때마다 어디서나 한눈에 들어오는 도쿄 스카이트리를 올려다보며 마음을 다잡았다. 만약 인류 문명이 무너지고 새로운 세계에 도쿄 스카이트리가 남는다면, 분명 신앙의 대상이 될 것이다.

## 🧭 '간식은 200엔 이내'? 소비세가 포함된 금액일까?
### -법률의 제정

일본에서는 흔히 학교 소풍 안내문에 '간식은 200엔 이내로 부탁합니다'라는 문구를 넣는다. 그때마다 뭔가 개운치가 않다. 사람들은 바나나가 간식에 포함되는지를 놓고 끊임없이 논쟁을 벌인다. 그런데 나는 '200엔 이내'라는 것이 소비세 포함 금액인지 아닌지가 궁금하다. 소비세라는 중대사를 염두에 두고 쓴 것인지 안내문을 작성한 교사에게 물어보고 싶은 심정이다.

**인간 사회의 질서는 규칙을 정해야만 유지된다.** 호모 사피엔스는 어떻게든 자기 이익을 늘리려고 들기 때문이다. 그래서 만들어진 것이 **법률**이다. 필요한 법률을 구체적으로 나누면 ❶정치 관련 법, ❷사회 관련 법, 이렇게 두 가지다. 정치 관련 법은 부를 집약하고 분배하는 시스템을 정한 행정법을 말한다. 한편, 사회 관련 법은 물건의 교환(→ **키워드 4**)에 관해 일정한 규칙을 정해 놓은 민법, 그리고 사회를 어지럽히는 행위를 단속하는 형법을 말한다. 징세 방법을 일정하게 하고, 개인 간의 상거래 규칙을 정하며, 풍기를 문란케 하는 불량한 사람들을 심판해 사회 질서를 바로잡기 위해서, 또 대중의 불평불만을 해소해 국가체제를 유지하려면 법률 제정이 필수다. **법률을 누가 만드는지에 따라 한 나라의 정치체제(→ 키워드 7)가 결정되니** 법률을 제정한다는 것은 아주 중요한 일이다.

현존하는 세계에서 가장 오래된 법률은 수메르인이 세운 우르 제3왕조가 만든 우르 남무 법전으로 알려져 있다. 당시 나라 안은 신분의 격차로 인해 상거래 분쟁이 발생하는 등 질서가 문란했다. 이 와중에 우르 제3왕조는 메소포타미아를 통일했고, 국왕에게는 사회 질서를 바로잡아야 하는 사명이 생겼다. 단편적으로 남아 있는 우르 남무 법전의 전문을 보면, 국왕이 질서를 바로잡고 사회정의를 구현했다는 내용이 적혀 있다. 국왕이 법전을 제정함으로써 사회의 모순을 제거하고 국가체제를 유지하려 했음을 알 수 있다.

법률이라고 하면, 흔히 **함무라비 법전**을 떠올린다. 기원전 1800년경에 바빌론 제1왕조의 **함무라비 왕**이 제정한 것이다. "눈에는 눈, 이에는 이"라는 문구의 인상이 너무 강한 나머지, 그 외 내용이 가려진 느낌이지만, 알고 보면 세계사의 중요한 요소가 집약된 법전이다. 법전이 새겨진 비석 윗부분에는 태양신과 함무라비 왕의 부조가 있는데 신의 권위 아래에서 법을 집행하는 왕의 모습을 보여준다. 왕이 내린 재판의 판례를 바탕으로 조문이 적혀 있고, 행정법 다음에는 개인끼리의 계쟁을 다루는 민법 조항이 나열되어 있다. 이 부분에서 함무라비 왕의 사회정의 실현에 대한 의지를 알 수 있다.

도시국가 로마가 지중해를 평정하고 **로마제정**을 건설함에 따라 제국을 통치하기 위한 수단으로서 법률의 중요성은 한층 커졌다. **평민**이 **귀족**을 상대로 **계급투쟁**(→ **키워드 7**)을 벌이던 로마 확대기, 즉 **공화정** 때 생긴 법은 시민법이라고 불렸고, 로마 시민에게만 통하는 법률이었다. 국가가 커져서 대제국에 편입된 비 로마 시민이나 비 라틴족 등 로마의 전통과 문화를 전혀 모르는 사람들에게는 시민법이 적용되지 않았다. 그래서 어느 지역·민족에게나 적용할 수 있는 만민법이 제정되었다.

이 만민법이야말로 문화적으로는 그리스에 정복당한 로마의 특징을 보여준다. 만민법은 모든 사람을 이해시켜야 하는 법이기 때문에 **모호한 조문이나 미묘한 뉘앙스로 인한 해석의 차이를 최대한 없애야 했다.** 로마제국에서는 법률 편찬을 담당하는 법무관이라는 직책이 있었다. 만민법인 **로마법**은 매우 뛰어나서 **동로마제국**(비잔틴제국)에서는 이 법률을 집대성해 **로마법대전**을 편찬했다. 이 같은 법률 정신은 중세 유럽뿐 아니라 근대·현대에도 계승되어 **나폴레옹법전**(프랑스 민법전)과 일본 현행법에도 큰 영향을 미쳤다.

## 🧭 "때가 되었습니다, 시작하세요" –달력의 발명

농경사회(→ 0장)에서는 사람 관리가 중요했다. 모두가 같은 시간을 공유하지 못하면 사람들의 작업 능률이 현저히 떨어지기 때문이다.

입시학원의 수업도 마찬가지다. 예를 들어, 입시 명문이라 불리는 학원에서는 '세계사 수업은 ○교시 ○○교실'이라는 시간표에 따라 학생과 강사가 교실에 모인다. 만약 강사의 시계가 10분 빠르거나 늦으면 수업을 시작하는 데 문제가 생겨 버린다.

이처럼 농사일, 상거래, 또는 회사의 업무 시작 시각이나 전철 운행 시각 등 모든 **사회 활동의 전제는 '다 같이 시간을 지키는'** 것이다. 그래서 사람들이 시간을 지키게 하려고 국가는 공통의 달력을 만들었다.

수메르인은 **태음력**을 만들었다. 이는 달이 차고 이지러지는 것을 기준으로 한 달력이다. 주기가 약 29.5일이기에 1년이 365일이 아니다. 그래서 수메르인들은 윤달을 만들어서 차이를 조정했다. **바빌론 제1왕조** 시기에는 태양의 주기까지 가미한 태음태양력을 사용한 것으로 보인다. 어쨌든 달력을 만들려면 해와 달의 움직임을 꼼꼼하게 관측해야 했기에 메소포타미아에서는 천문학이 발전했다.

또 수메르인은 천문학에 **60진법**을 이용했다. 60진법처럼 숫자 60을 단위로 삼는 방법은 지금도 각도, 시간 등에 이용되고 있다.

고대 **이집트**에서도 달력을 사용했다. '이집트는 나일강의 선물'이라는 말이 있듯이 이집트문명은 **나일강** 유역의 토양 덕에 일어난 문명이다. 정기적으로 범람하는 나일강이 상류로부터 비옥한 토양을 운반해 주었기 때문에 풍부한 농업 생산이 보장되었다.

그러나 건기와 우기가 번갈아 찾아오는 몬순 지대에 자리 잡은 나일강의 유량은 1년 단위로 증감했다. 그래서 달력이 조금이라도 부정확하면 생산량에 영향을 줄 뿐 아니라 흘러넘친 강물에 모든 것이 떠내려 갈 수도 있었다. 이에 이집트에서는 태음력보다 정확한 **태양력**을 만들어 1년을 365일로 정했다.

또 이집트에서는 나일강 범람 후에 토양의 구획을 정비하기 위해 토지 측량술도 발달시켰다. 달력을 만들었다는 점은 메소포타미아 문명과 같지만, 그 내용은 지형과 기후에 따라 달랐다.

로마공화정의 군인이었던 **카이사르**는 이집트에서 태양력을 가지고 돌아와 율리우스력을 만들었다. 앞에서 언급한 초대 황제 **아우구스투스**는 윤년을 수정했다. 이후 유럽에서는 율리우스력을 사용했지만, 그래도 날짜 차이가 해소되지 않아 16세기 후반에는 그레고리우스력이 만들어졌다. 이것이 현재 사용되는 역법이다.

이슬람력은 순수한 태음력이며, **무함마드**가 메카에서 메디나로 이주한 **헤지라**(성스러운 이주)가 이루어진 622년을 원년으로 삼고 1년을 12달,

354일로 정했다. 11세기에는 천문학자 우마르 하이얌이 태양력을 기반으로 하면서도 헤지라력을 잘 살린 잘랄리력을 만들었다. 잘랄리력은 매우 정확한 역법으로 중국에서 만들어진 **수시력**, 일본 에도시대에 만들어진 정향력에 영향을 미쳤다.

또 중앙아메리카 유카탄반도에 일어난 **마야 문명**은 지극히 고도로 발달한 태양력을 이용했다. 동서고금을 막론하고 인류는 정확한 달력을 만들기 위해 노력했다.


## 어디서 왔을까? - 수메르인

앞서 여러 번 언급한 대로 **수메르인**은 **신권정치, 문자 발명, 신화, 법률 제정 등 통치에 필요한 온갖 원리 원칙을 만들어 냈다**. 세상의 표준 규범을 세운 민족이라고 할 수 있다. 훗날 등장한 왕조 국가들이 도입한 정책과 제도는 수메르인을 흉내 낸 것이라고 해도 과언이 아니다. 물론 시대와 지역에 따라 필요한 형태로 다듬어지기는 했지만, 수메르인이 만들어 낸 시스템은 다양한 방식으로 응용되었다.

수메르인은 오래전부터 메소포타미아 남부에 정착했는데, 기원전 3000년경에는 보리와 밀, 대추야자를 재배했고, 양 등의 가축을 사육하면서 마을을 형성했다고 알려져 있다.

그들은 기원전 2700년경, 메소포타미아에 우르, 우루크 등 도시국가를 형성했다. 기원전 24세기경 셈족 계열의 아카드인에게 제압당하기도 했지만, 그 후 우르 제3왕조를 세우고 부활했다.

바빌론 제1왕조가 일어서면서 메소포타미아에서는 셈족 계열이 주도권을 잡았다. 수메르인의 세력은 약해졌지만, 그들이 확립한 수많은 제도는 이후로도 오랫동안 메소포타미아에서 유지되었다.

수메르인은 어디서 왔을까? 사실 **그들은 민족 계통이 불분명하며, 아직 기원이 제대로 밝혀지지 않았다.** 각 도시에서 다양한 유물이 출토되고, 그들이 사용한 쐐기문자가 해독되면서 조금씩 알아가고 있을 뿐이다.

> **요약**
>
> 국가체제를 유지하기 위해 인류는 신권정치와 문자, 신화와 역사, 거대 건조물, 법률 등 다양한 시스템을 발명했다. 수메르인이 구축한 시스템은 세계사의 표준이다.

패턴
# 2
# 영토 확장의 불가피성

- 전쟁은 왜 일어나는가?

 개요

초등학생 때 읽은 만화책에 나쁜 놈으로 등장한 마왕은 "흐흐흐, 세상은 내가 정복하겠다!" 같은 말을 했다. 생각해 보면 참으로 신기하다. 힘도 있고, 돈도 있는 데다가 외모도 그럭저럭 쓸 만한 마왕이 뭣 하러 세계 정복 같은 힘든 일에 굳이 뛰어들까? 주인공과 맞서느라 고생하면서 정복 사업에 나서기보다는 서둘러 협정이라도 맺고 적당한 세력을 확보하는 게 합리적이지 않은가 말이다.

하지만 세계사는 그렇게 흘러가지 않는다. **호모 사피엔스의 본능(→ 키워드 5)이 발동하면, 자기 이익을 극대화**하려는 자는 세계 정복까지도 꿈꾼다. 이 점은 개인뿐 아니라 국가도 마찬가지다.

정치(→ 0장)의 원리를 생각해 보면, 국가의 영토가 넓어질수록 지배자가 거두어들일 수 있는 부의 총량, 즉 이익도 늘어난다. 그래서 **국가는 점점 몸집을 불리려 하고, 그 과정에서 주변 국가와 충돌, 전쟁도 불사한다.** 세계사를 '인류의 전쟁사'라고 부르는 것도 그 때문이다. 인류가 일으킨 전쟁의 양상을 역사의 '패턴'으로 풀어보자.

**패턴 해설**

## 반복되는 통일과 분열 -고대 오리엔트의 역사

'통일과 분열'의 반복은 역사의 주요 패턴 중 하나다. **❶ 어떤 세력이 국가를 통일한다→ ❷ 지방 세력이 반발한다→ ❸ 충돌이 발생하고 국가가 분열된다→ 다시 ❶로 돌아간다. 세계사는 이 같은 흐름을 반복적으로 보여준다.** 국가는 이익을 최대화하기 위해 부를 집약할 수 있는 영토 범위를 넓히고, 주변 지역을 정복한다. 민족과 종교가 다른 원주민들은 자신들의 공동체가 생산한 부를 이민족 지배자에 바쳐야 하는 상황을 참지 못하고 폭동을 일으킨다. 통일국가가 탄압하지만, 때에 따라서는 지방 세력이 승리해 국가는 분열 양상을 띠게 된다.

고대 오리엔트의 역사는 바로 이러한 패턴을 답습했다. **오리엔트**는 '해가 뜨는 곳'을 의미하며, **메소포타미아**와 **이집트**를 중심으로 한 지역을 가리킨다. 이 지역에는 큰 강이 있어서 농업 생산을 기대할 수 있는 데다가 지형과 기후도 다양해서 여러 민족이 살고 있었다. 그래서 오리엔트 세계는 기본적으로 각 민족이 분립한 상태였는데, 기원전 7세기 들어 통일국가가 나타났다. **아시리아왕국**이다.

메소포타미아 북부에서 일어난 아시리아왕국은 처음에는 작은 나라였지만, 기원전 7세기 후반에 이집트를 정복했고 아슈르바니팔이라는 군주가 영토를 최대로 늘렸다. 수도 니네베에 있었던 왕립도서관은 각지의 정보를 수집해 통치의 거점으로 자리 잡았다. 이 나라는 광대한 영토를 하나로 묶기 위해 이민족에게 무거운 세금을 징수했고, 폭정을 통해 전제적 지배를 시도하며 중앙집권(→ **키워드 12**)을 강화했다. 그 결과, 각지에서 반란이 일어났고 기원전 612년에는 멸망하고 말았다. 여기서 주의할 점은 '무거운 세금과 폭정'이 절대 하면 안 되는 반칙인지를 따져 보는 것이다. 세계사에서는 반드시 그렇지는 않다. **주변 민족의 부를 빼앗는 증세와 무력 지배가 통치를 위해 옳은 방법일 수도 있다**는 말이다. 문제는 균형이다. 아시리아에서는 지나치게 무거운 세금과 폭정이 반발을 불러 일으켰기 때문에 통일국가가 무너졌다.

그 후 오리엔트는 **4국 분립** 시대를 맞는다. 이집트에는 말기 왕조, 메소포타미아에는 **신바빌로니아**(칼데아), 소아시아에는 **리디아**, 이란고원에는 **메디아**가 자리 잡았다. 오리엔트 세계가 다시 분열한 것이다. 그 후 메디아에서는 **아케메네스왕조**가 일어나 기원전 525년에 이집트를 정복한다. 이로써 오리엔트는 재통일되었고, 다레이오스 1세 때 왕조는 최고의 번영을 누렸다. 고대 오리엔트는 통일, 분열, 통일의 리듬으로 이해하면 된다.

## 🧭 사이 나쁜 이들을 하나로 묶는 비결 –페르시아 전쟁의 구도

고대 그리스 역사의 하이라이트는 뭐니 뭐니해도 **페르시아 전쟁**(기원전 500년~기원전 449년)이다. 유럽 대표 그리스 대 아시아 대표 아케메네스왕조 페르시아라는 구도도 뚜렷하다. 전쟁의 원인은 아케메네스왕조의 영토 확대 정책이지만, 여기서 짚어볼 고대 그리스의 상황도 세계사의 '패턴'을 배울 수 있는 아주 좋은 소재다.

발칸반도 남부는 산맥이 자리 잡고 있어 평지가 적고, 하천의 흐름이 빨라 물을 가두어두기 어려운 지역이다. 농경에 적합하지 않았다는 뜻이다. 그러니 고대 그리스 세력은 영토를 확장할 여지가 없었다. 그리스에는 도시국가 **폴리스**가 천여 개나 있었다. 이 땅에서는 오로지 포도와 올리브 등 과수 종류만 생산되었기에 그리스인들은 포도를 포도주로, 올리브를 올리브유로 가공한 뒤, 주변 지역 곡물과 교환해 생계를 유지했다. 그러나 상업만으로는 먹고 살기가 어려웠다. 그래서 폴리스는 서로 격렬하게 충돌하며 얼마 안 되는 식량을 놓고 다투었다.

전쟁이 잦으면 사회는 쇠약해지기 마련이다. 이에 그리스의 여러 폴리스는 힘을 모아 서로의 안전을 보장했다. 애초에 같은 그리스인이었기에 같은 신들을 믿고 같은 신화를 내세우는 데 성공한 것이다. 그리스인들은 스스로 헬레네스라고 부르며 자신들을 이민족 바르바로이와 구별함으로써 동족 의식을 공유했다. **이 관계를 인보동맹**이라고 한다. 이렇게 해서 여러 폴리스는 충돌을 피하고 안전을 확보했다.

그렇다고 충돌이 완전히 사라진 것은 아니었다. **어쨌든 기본적으로 폴리스끼리는 사이가 나빴다**는 점을 기억해 두자. 그렇다면 **어떻게 동맹을 맺을 수 있었을까? 그 답은 '공통의 외적'에 있다.**

그리스와 접촉하던 아케메네스왕조는 밀레토스에 막대한 공납을 요구했다. 밀레토스는 소아시아 남서부에 자리 잡은 그리스인의 폴리스다. 그 일대는 이오니아라고 불리는 그리스의 식민도시고, 그리스인들이 정착해 있었다. 밀레토스가 아케메네스왕조의 요구를 거부하자 군주 다레이오스 1세는 대규모 군대를 파견했다. 이에 밀레토스는 **아테네** 등 그리스의 여러 폴리스에 지원군을 요청했고, 그 결과 페르시아 전쟁이 시작되었다.

아케메네스왕조는 그리스 정도는 즉시 제압할 수 있다고 생각했다. 폴리스들이 서로 반목하고 있으니, 연합군은 곧 와해할 것이라고 말이다. 그러나 **페르시아라는 막강한 적을 상대로 폴리스는 날로 강력한 연대를 형성했다.** "그리스인이여, 아시아의 강적을 몰아내자!"라고 외치며 죽기 살기로 맞선 폴리스 연합군의 항전에 페르시아는 결국 패배했다. 그리스의 여러 폴리스가 외적 앞에서 단단히 뭉쳤기 때문이다.

다만, 시간이 지나면서 이러한 연대는 도로 아미타불이 되어버렸다. 급격히 세력을 키우는 아테네를 보면서 위기감을 느낀 여러 폴리스가 반발하면서 내전이 자주 발생한 것이다. 그리하여 그리스 사회는 쇠퇴했고, 기원전 4세기 후반에는 마케도니아의 지배를 받게 되었다.

## 🧭 요충지를 노린 한 수 –로마와 포에니 전쟁

고대 로마사는 세계사의 인기 주제로 수험생 중에도 열성적인 팬이 있을 정도다. 이탈리아반도의 작은 도시국가였던 공화정 로마가 지중해 전역을 통치하는 대제국이 되었으니 짜릿하게 느껴질 만도 하다고 생각한다. 대제국이 되는 과정에서 로마는 수많은 전쟁을 겪는데, 특히 주목할 만한 것이 포에니 전쟁(기원전 264년~기원전 146년)이다.

**세계사 속 전쟁은 어느 나라와 어느 나라가 대립했는지 그 구조를 파악하면 놀랄 만큼 이해하기가 쉬워진다.** 포에니 전쟁은 **공화정 로마**와 **카르타고** 사이에 일어난 전쟁이다. 카르타고는 북아프리카 국가로 이탈리아반도와의 사이에는 시칠리아섬이 있다. 이곳을 놓고 양국이 충돌을 일으켰다.

시칠리아섬은 토양이 비옥해 농업 생산성이 높았다. 또 **교통의 요충지라 분쟁의 대상이 되기도 쉬웠다.** 이곳을 손에 넣으면 **군사적·상업적으로 유리**해지니, 역사의 패턴에 딱 맞아떨어지는 지역이다. 시칠리아섬은 지중해 한복판에 있어서 사방이 뚫려 있다. 해상 교통의 핵심지인 이 섬을 손에 넣는다는 것은 지중해의 패권을 쥔다는 의미다.

포에니 전쟁은 세 번에 걸쳐 일어났다. 발발에서 종식까지 100년 이상 걸린 전쟁이다.

제1차 포에니 전쟁 때는 로마가 승리해 시칠리아섬을 속주로 삼았다. **속주**란, 자치권도 없고 시민권도 주어지지 않는 피지배 지역을 뜻한다. 시칠리아섬이 로마의 식민지가 된 것이다.

제2차 포에니 전쟁이 벌어지자, 이번에는 카르타고가 거세게 반격했다. 카르타고의 장군 **한니발**은 알프스를 넘어 이탈리아를 침입했고, 로마 코앞까지 진격했다. 그러나 결국은 로마의 장군 스키피오가 한니발을 꺾고 로마가 승리를 거머쥐었다.

제3차 포에니 전쟁 때는 로마가 카르타고를 불태우면서 포에니 전쟁은 로마의 승리로 대단원의 막을 내렸다.

이후 로마에서는 '내란의 한 세기'를 맞으며 사회가 혼란을 겪지만, 지중해 주변 정복 사업은 기원전 1세기까지 끊임없이 추진되었다. 포에니 전쟁에서 승리해 지중해 진출의 발판을 마련한 것이 주효했다고 볼 수 있다.

19세기에는 영국과 러시아가 아프가니스탄을 놓고 충돌했다. 사람들은 이를 그레이트 게임이라고 불렀다. 해당 지역은 동으로 중국, 북으로 러시아, 서로는 이란, 남으로는 인도로 통하므로 교통의 요충지로서 예로부터 매우 중요한 곳이다. 1979년 소련이 아프가니스탄을 군사 침공한 이후, 미국과 소련 사이에 '제2차 냉전'이 일어난 것처럼 아프가니스탄이라는 나라는 역사에 매우 자주 등장한다. 지리적 조건이 탁월하기 때문이다. 2024년 시점에 아프가니스탄은 **탈레반**이 실효 지배 중인데, 현재 겪고 있는 혼란의 배경에도 요충지를 손에 넣으려는 강대국들의 노림수가 숨어 있다.

## 🧭 보호권을 둘러싸고 -전한과 흉노의 충돌

농사지을 땅을 확보하기 위해서만 영토를 확장한 것은 아니었다. **종종 상업의 패권을 장악하기 위한 충돌도 일어났다.**

중국의 역사는 북방 민족과의 관계로 설명할 수 있다. 몽골고원을 중심으로 활동하던 **기마 유목민**들은 풍부한 농경 생산을 노리고 황허 유역의 화베이 지방으로 침입했다. 중국으로서는 참을 수가 없었다. 기마 유목민들은 탁월한 기마술과 뛰어난 무력을 자랑했고, **그들의 침입은 중국 왕조의 존망을 뒤흔드는 중대사**였다.

특히 중요한 쟁점은 중국 서역에서 활동하는 상인을 보호하는 문제였다. 중앙아시아를 중심으로 유라시아 대륙을 동서로 횡단하는 '**실크로드**'에서는 **소그드인**이 중개무역을 펼쳤다. 실크로드는 중국의 비단 제품을 서쪽으로 운반하는 교역로이고, 소그드인들은 낙타를 이용하는 대상 무역으로 이익을 얻었다. 부자 상인은 도적들의 표적이 되기 일쑤였다. 이에 기원전 2세기에는 소그드인의 보호권을 둘러싸고 중국 **전한**과 몽골고원의 **흉노**가 대립했다.

처음에는 흉노가 우세해서 전한의 초대 황제 **유방**을 물리쳤지만, 시간이 흘러 전한이 전성기를 맞이했을 때는 **무제**가 흉노를 격퇴했다. 무제는 타림 분지의 동쪽 끝에 둔황군을 설치하고 서역을 통치했다. 이후에도 기마 유목민과 중국 왕조의 충돌은 이어졌는데, 모두 상업 패권을 둘러싼 다툼이었다.

이슬람 세계로도 시선을 돌려보자. 몬순이라는 계절풍이 부는 인도양 주변 해역에서는 7세기 이후, 카리미 상인이라는 **무슬림**(이슬람교도) 집단이 '바닷길'을 통해 해상무역을 펼쳤다. 그들은 늘 해적의 공격을 받았다. 그래서 이집트의 이슬람 왕조와 **아이유브왕조**, **맘루크왕조**가 그들을 보호했고 그 대가로 큰 이익을 얻었다. 특히 맘루크왕조는 13세기에 몽골을 격퇴한 뒤, 성지인 **메카**와 **메디나**를 관리하면서 이슬람 세계를 이끌었다.

이처럼 **상업 패권을 장악하면 세계를 제패할 수 있다.** 요즘은 미국과 중국의 무역전쟁이 화제인데, 양국 모두 이 패턴을 답습하고 있다고 볼 수 있는 것이다.

## 기마전의 비결은 '협공의 원리'
### - 사산왕조 페르시아와 돌궐의 연합

중학교 체육대회 때 기마전을 지휘한 담임 선생님이 생각난다. "우리 반은 두 팀으로 나누어서 적을 협공한다. 한쪽은 상대와 맞붙어 양손을 써서 싸우고, 다른 한쪽은 뒤로 돌아가서 모자를 벗겨 온다! 알겠나?"

이렇게 정확하게 지시했기 때문에 우리 반은 모든 경기에서 압승을 거두었다. 기마전에서는 '**양쪽에서 몰아붙여서 쓰러뜨리는**' 협공이 매우 효과적인 수단이다. 국가 간 충돌에도 이 '협공의 원리'는 적용된다. 그럼,

이번에는 세계사에서 어떤 협공 작전이 펼쳐졌는지를 살펴보자.

6세기에는 이란의 **사산왕조**가 **호스로 1세**의 치세하에 전성기를 맞았다. 사산왕조의 서쪽에는 역시 전성기를 맞은 **동로마제국**(비잔틴제국)이 있었다. 양국은 6세기에 격렬하게 충돌했다. **이웃한 나라는 반드시 충돌한다**. 이 원리를 잘 기억해 두자.

한편, 사산왕조의 북동쪽에는 중앙아시아에서 활동하는 에프탈이라는 민족이 세력을 떨치고 있었다. 그들은 백흉노라고도 불리며 주변 민족을 두려움에 떨게 한 기마 유목민이다. 사산왕조는 지하수가 풍부하고 관개 농업이 번성한 이란고원을 위협하는 에프탈 탓에 골머리를 앓았다. 그래서 호스로 1세는 중앙아시아 북동쪽 몽골고원에서 활동하는 돌궐과 손을 잡았다. 사산왕조와 **돌궐**이 협공해 에프탈을 무너뜨린 것인데 '양쪽에서 몰아붙여 쓰러뜨린다'는 원리가 딱 들어맞는 사례다.

'협공의 원리'를 적용할 수 있는 예가 또 있다. 7세기 한반도는 북쪽에 **고구려**, 남서쪽에 **백제**, 남동쪽에는 **신라**가 자리 잡으며 반도가 분열 양상을 보였다. 고구려는 **수나라**를 물리칠 정도로 강한 나라였으나, 한반도의 통일을 이룬 것은 신라다.

신라는 당나라와 동맹을 맺고 두 나라 사이에 있던 백제와 고구려를 멸망시켰다. 바로 '협공의 원리'다. 남은 백제 세력은 일본으로 넘어가 야마토 정권과 연합했고, 백촌강 전투에서 고지 탈환을 노렸지만, 이를 저지한 신라가 676년에 한반도를 통일했다.

## 🧭 단위 시간당 수업료가 저렴한 학원으로 —이슬람교의 지하드

**무함마드**가 창시한 **이슬람교**는 처음에는 교도가 100명밖에 안 되는 작은 교단이었다. 그러나 한 세기 만에 아라비아반도에서 서아시아, 중앙아시아, 북아프리카를 거쳐 이베리아반도까지 교세를 확대했다. 도대체 어떤 수단을 쓴 걸까?

무함마드는 유일신 **알라**의 계시를 받아 610년경에 이슬람교를 창시했다. 메카의 상인 귀족인 쿠라이시족 출신이었지만, 상위 계급의 부패로 격차가 심각해진 메카에서 '신 앞에 모든 인간은 평등하다'라고 설파해 대중의 지지를 얻었다. 이런 움직임을 언짢게 여긴 보수파 장로들은 무함마드를 모질게 박해했다. 무함마드는 이를 피해 622년 **메카**에서 **메디나**로 이주를 감행했다. 이 사건을 **헤지라**(성스러운 이주)라고 부른다.

무함마드는 메디나에서 포교를 이어갔다. 이슬람교도의 공동체를 **우마**라고 부르는데, 교단 세력은 확대일로를 걸은 끝에 점점 국가로서의 형태를 갖추었다. 630년, 무함마드는 신도들과 함께 메카로 귀환했고, 마침내 그 땅을 정복했다. 그리고 이슬람 세력은 아라비아반도를 통일했다.

632년에 무함마드가 사망하자, 우마의 대표자인 **칼리프**를 유력자들이 합의로 선출하는 **정통 칼리프** 시대가 시작되었다. 이 시대에 무슬림은 **지하드**(성스러운 전쟁)를 실천했고, 덕분에 우마는 그 규모가 날로 커져 갔다. 성전이라고 하면 무력을 뜻하는 것으로 오해할 수도 있으나, **이슬람이 무력을 통해서만 세력을 키워나간 것은 아니다.**

지하드를 설명할 때, 흔히 '칼이냐, 코란이냐, 공납이냐'라는 말을 쓴다. '칼'은 '전쟁을 통한 교세 확대'를 의미한다. 그리고 **코란**은 이슬람교의 근본 성전을 가리키므로 '**이슬람교로 개종하는 것**'을 의미한다. 이슬람교에서는 '신 앞에 모든 인간은 평등'하다고 가르치니 누구나 개종만 하면 무슬림으로 대접받았다. 마지막으로 '공납'은 '**이슬람 교단에 대한 납세**'를 의미한다. 인두세인 **지즈야**와 토지세인 **하라즈**를 내면 이교도는 신앙의 자유를 보장받을 수 있었다.

지하드의 핵심은 그 땅을 지배하는 **기존 세력에 속하기보다 이슬람 세력에 속하는 편이 세금을 적게 낼 수 있다, 즉 대우가 좋다**는 점이다. 이슬람 세력은 정통 칼리프 시대에 이집트와 이란을 정복했는데, 그때까지 이집트는 **비잔틴제국**이, 이란은 **사산왕조**가 지배하고 있었다. 이집트와 이란 사람들은 순식간에 이슬람교로 개종함과 동시에 이슬람 교단에 공납도 했다. 기득권 세력이 무거운 세금을 요구하고 폭정을 펴는 횡포에 대해 대중이 불만을 품고 있었던 것이다. 그렇게 이슬람교의 우마는 급격히 세력을 키워나갔다.

단위 시간당 수업료가 싼 입시학원과 비싼 입시학원이 있다고 할 때, 수업의 질이 같다면 싼 곳으로 학생이 몰리는 것이 인지상정이다. 세계사에서도 세금을 적게 내는 국가가 지지를 얻고 세력을 확장했다고 이해하면 된다.

## 🧭 자본 투하의 결말 – '유럽의 화약고'가 해체되다

이번에는 **제국주의**(→ 키워드 20)의 영토 확장이 **제1차 세계 대전**으로 이어진 과정을 살펴보자.

19세기 후반에는 각국에서 **산업혁명**(→ 키워드 17)이 일어나 기계로 물건을 대량 생산했다. 19세기 말에는 미국과 독일에서 제2차 산업혁명이 일어나면서 공업의 중심은 기존의 면 공업에서 석유를 동력원으로 한 **중화학공업**으로 옮겨갔다. 공업화의 규모는 눈에 띄게 커졌다. 그 결과, **식민지 획득의 목적은 '원료를 공급받고 상품을 팔 시장 획득'에서 '자본을 쏟아부을 대상 획득'**(→ 키워드 20)**으로 변했다.** 세계열강은 식민지에서 철도를 부설하고 광산을 개발했으며, 세계를 재분할했다.

20세기 초, 각국은 마침내 충돌하기에 이르렀다. **러일전쟁**(1904~1905년)은 제국주의를 도입한 국가 사이에 일어난 첫 전쟁이다. 러시아와 일본은 한반도를 놓고 싸웠고, 전쟁에서 승리한 일본은 한국을 점령한 뒤 한반도에 자본을 쏟아부었다.

발칸반도도 열강의 전쟁터가 되었다. 지금은 오스트리아의 영토가 홋카이도 정도의 넓이에 불과하지만, 당시의 오스트리아는 발칸반도를 지배하는 다민족 국가였다. 이 나라는 같은 게르만족인 독일의 지원을 받아 발칸반도에 자본을 쏟아부으려 했다. 이러한 움직임을 범게르만주의라고 부른다.

러시아는 러시아대로 범슬라브주의를 표방해 슬라브족 민족운동을 고양하면서 발칸반도 남하 정책을 펼쳤다. 다른 열강에 비해 공업화가 늦었던 러시아는 자본을 서둘러 투하했다. 여기에 세르비아가 앞장섰다. 세르비아는 대세르비아주의를 내세우며 '발칸반도는 러시아의 지원을 받는 세르비아가 나서서 통일해야 한다'라고 부르짖었다. 발칸반도가 **'유럽의 화약고'**라고 불리는 이유는 이처럼 각국의 이해관계가 얽혀 있었기 때문이다.

이런 상황에서 1908년에 오스트리아가 발칸반도 중서부에 자리 잡은 **보스니아헤르체고비나**를 점령했으니, 난리가 났다. 보스니아를 제 땅처럼 여긴 세르비아인의 분노가 폭발해 오스트리아에 반발한 것이다. 그런 가운데, 1914년 보스니아의 수도 사라예보에서 군사 훈련을 견학하던 오스트리아 황태자 부부가 세르비아 청년의 총에 맞아 사망한다. 이 **사라예보 사건**은 제1차 세계 대전 발발의 도화선이 되었다.

세계열강이 내건 제국주의는 '벨 에포크'라고 불리는, 근대문명에 대한 믿음에 바탕을 둔 낙관적인 풍조를 불러일으켰다. 그러나 결국은 제1차 세계 대전이라는 전대미문의 참극을 초래하고 말았다.

## 🧭 불만을 달래는 비법 - 독재와 원정의 관계

국가의 영토 확장은 불가피한 일이다. 그 이유는 국내 정치에서도 찾아볼 수 있다. 특히 **독재정권은 대중의 불만을 달래기 위해 끊임없이 전쟁을 벌**

**였다.**

19세기 중반 프랑스는 **제2제정** 시대였다. 이 시기에는 **나폴레옹**의 조카 루이가 **나폴레옹 3세**로 즉위해 독재정치를 펼쳤다. 독재라고 하면 왠지 나쁜 이미지가 떠오르겠지만, 의사결정을 신속히 할 수 있다는 장점도 있다.

제2제정 시대에 프랑스는 파리를 근대도시로 개조했고, 산업혁명을 이루었으며, 전국에 철도를 부설하는 등 눈부신 발전을 이룩했다. 그러나 나폴레옹 3세와 추종자들은 전제정치를 펼쳤고 이에 국민의 불만은 날로 커졌다. 그래서 나폴레옹 3세는 적극적으로 전쟁에 뛰어들었다. 즉위 직후부터 **크림전쟁**, **이탈리아 통일전쟁**, **제2차 아편전쟁** 등에 간여했는데, 전쟁을 통해 국민의 시선을 국외로 돌리게 하려는 의도였다. 국민에게 '지금 ○○와의 전쟁에서 이기고 있다. 그러니 내정이 다소 강제적이라도 어쩔 수 없다'라는 생각을 하게 함으로써 독재를 정당화한 것이다. **독재와 원정의 관계는 세계사의 중요 공식**이니, 꼭 기억해 두기 바란다.

이 패턴을 뚜렷하게 보여주는 것이 바로 **파시즘**이다. 파시즘은 전체주의라고도 번역하며 우파(→ 키워드 15)의 극단적인 국수주의를 이용해 국민을 하나로 모은다. **제2차 세계 대전** 당시에는 일본에서도 무슨 일만 생기면 군사경찰이 달려와 "당신은 비국민이야!"라고 사람들을 비난하고 핍박했다. 그리고 국민으로부터 불만이 터져 나오면 관심사를 나라 밖으로 돌렸다.

**나라가 기울면 여론은 좌우로 갈린다.** 1920년대 대공황기의 이탈리아에서 우파 파시스트당이 등장했다. **무솔리니**는 군사 조직을 거느린 파시스트당의 창설자로, 처음에는 공산당의 좌익 운동을 탄압해 사회주의의 확대를 막았다. 그리고 1922년에는 '로마 진군'이라는 파시스트 쿠데타를 일으켜 정권을 잡았고, 국왕으로부터 내각을 구성하라는 명을 받아냈다. 불법에 가까운 집권이었다. 이후, 무솔리니 정권은 전쟁을 일으켰다. 아드리아해의 연안 도시 피우메(현재 크로아티아 리예카)를 점거하더니 발칸반도의 이슬람 국가 알바니아를 점령했다. 이런 식으로 국내의 불만을 해소하고 국민을 옭아매는(파쇼화) 데 성공한 것이다.

현대에 와서는 북한의 미사일 발사 문제가 동아시아 정세에 영향을 미치고 있다. 북한의 대외정책도 그 목적이 국내 독재정치의 존속이라고 생각하면, 새로운 시각으로 정세를 파악할 수 있을 것이다.

> **요약**
>
> 국가의 영토 확장은 피할 수 없는 문제이며, 전쟁 발발의 원인이다. 교통의 요충지 확보, 상업 패권 획득, 식민지 분할, 국내 독재정치 등 국가가 영토를 확장하려는 이유는 다양하다.

**패턴 3**

# 부패에 반발한 움직임, 혁명

- 조직은 반드시 타락한다

## ☀ 개요

'조직은 반드시 타락한다.' 이 말에는 분명 많은 사람이 공감하리라 생각한다. 오히려 타락하지 않고, 부패하지 않는 조직은 없다고 해야 옳은 말일 것이다.

조직은 왜 부패하는가? 세계사의 원리를 떠올리면 그 이유를 분명하게 알 수 있다.

**부패란, 지배 계급이 부당하게 부를 축적하는 것**을 말한다. 민중에게 세금을 징수하는 지배 계급은 '정치'에서 엄청난 우위에 선다(→ 0장). 눈앞의 부를 보면 지배 계급의 본능(→ 키워드 5)이 깨어나는지, 약간의 수고비만 빼고 나머지는 과부족 없이 분배해야 함에도 몰래몰래 제 잇속만

챙기며 부를 축적한다. 그 결과, 제대로 분배받지 못한 민중의 삶은 팍팍해질 수밖에 없다.

지배 계급의 부패에 맞서 민중은 혁명을 일으킨다. 계급 피라미드의 왜곡을 바로잡으려는 작용이 개혁으로 이어진 것이다. 세계사에 등장하는 혁명과 개혁 운동은 '**부패 → 개혁**'이라는 맥락에서 파악할 수 있다. 이 공식을 이용해 역사 속 사건들을 파헤쳐 보자.

**패턴 해설**

### 너희들, 좀 내려가! - 아멘호테프 4세의 종교개혁

피지배계급만 혁명을 일으키는 것은 아니다. 계급 피라미드의 정점에 선 군주가 잘못된 구조를 수정하려고 한, 이른바 '**위로부터의 개혁**'도 종종 일어났다.

고대 이집트 세계의 역사는 고왕국 → 중왕국 → 신왕국 순으로 흘렀다. **이집트**는 바다와 사막으로 둘러싸여 있어 주변 민족이 쉽게 침입할 수 없었던 덕분에 **메소포타미아**와 달리 안정적으로 장기 집권을 할 수 있었다.

신왕국 시대의 수도 테베에서는 지주 계급인 신관의 부패가 심각했다. 그들은 테베의 수호신 아몬과 태양신 **라**를 일체화한 아멘라 신앙을 사람들에게 강요하고 의식을 거행했다. 예나 지금이나 **행사를 열면 돈이**

**들어오는 법이다.** 신관들은 쉴 새 없이 의식을 열었고, 전리품을 모조리 아멘라 신전에 바치게 했다. 그러고는 필요 이상의 부를 모아 제 배를 채웠다. 신관들의 입김은 날로 세졌고, **파라오**(왕)의 계승 문제에 간여하는 등 정치 개입이 도를 넘었다. 그 결과, 권력자인 신관과 최고 권위자인 왕의 거리가 줄어들어 계급 피라미드의 삼각형이 왜곡되기 시작했다.

이에 파라오인 **아멘호테프 4세**가 들고일어나 종교개혁을 단행했다. 그는 유일신 아톤을 믿게 하고 자기 이름도 '아케나톤(아톤 신에 이로운 자)'으로 개명했다. 수도도 테베에서 텔 엘 아마르나로 옮겼다. 그가 통치한 시기에는 사실적인 아마르나 미술이 탄생하는 등 정치부터 문화까지 근본적인 개혁이 일어났다.

**부패로 인해 신분의 차이가 모호해지면 상위 계급이 하위 계급을 힘으로 찍어 누르기도 했음을 보여주는 예다.**

## 🧭 교장 선생님은 왜 장광설을 늘어놓나?
### - 불교와 그리스도교의 성립

입학식, 졸업식 때만 되면 교장 선생님과 내빈의 장황한 인사말이 이어진다. **제사나 의식은 권위를 과시하고 부를 끌어모으기 위한 최고의 장치**다. 그래서 조직을 원활하게 운영하려면 의식을 치러야 했다. 교장 선생님의 장광설에는 조직의 규율과 기강을 잡겠다는 의도가 숨어 있던 셈이다.

지배 계급은 민중으로부터 부를 긁어모으는 과정에서 종종 제사 지상주의에 빠졌다. 혁명이 **부패에 맞서 발생한 것과 마찬가지로 종교도 같은 맥락에서 발생했다.**

기원전 1500년경에 중앙아시아에서 이주해 와 인도를 침입한 **아리아인**은 원주민을 지배하면서 인도 북부에 거주하며 **카스트**라는 신분 계급을 만들었다. 승려 계급인 **브라만**은 자신의 권위를 유지하기 위해 의식을 치렀고, 기원전 1000년경에는 **브라만교**를 탄생시켰다. 그들은 성전 베다를 받들었고, 제사 지상주의에 빠지면서 부패했다.

그러자 브라만 교단 내부에서는 **우파니샤드** 사상을 내세운 개혁 운동이 일어났다. 이 운동은 우주의 근원과 인간의 본질이 궁극적으로 동일하다고 인식하기만 하면 윤회를 거듭하는 고통에서 벗어날 수 있다(**해탈**)고 설파했다. 즉, '**제사나 의식 같은 것은 필요 없다**'라고 외친 것이다. 이러한 조류 속에서 **붓다**가 **불교**를 창시한 흐름은 필연적이라고 할 수 있다. 붓다는 번뇌에서 벗어나라고 가르쳤고, **윤회**에서 벗어날 것을 목표로 삼았다. 제자들이 그의 가르침을 전파함으로써 교단은 확대되었다.

한편, 1세기경 팔레스타인 지방에서는 **유대교** 교단이 부패로 얼룩져 있었다. 형식적인 율법주의를 내세운 바리새파가 교의의 계율만을 중시한 탓에 조직이 경직된 것이다.

답답한 세상에 파문을 일으킨 인물이 바로 **예수**다. 예수는 **하나님의 절대 사랑**과 **이웃 사랑**을 설파하며 개혁을 선도했다. 하나님의 절대 사랑이란, 하나님은 제사나 계율과 무관하게, 그저 믿는 자에게 복음(좋은 소식)

을 준다는 사상이다. 이웃 사랑이란, 특정 민족만 구제된다는 선민사상에서 벗어나 모두를 사랑하라고 가르침으로써 민족 장벽을 넘어서려는 생각이다. 예수도 '제사나 의식은 필요 없다!'라고 부르짖은 것이다.

물론 유대교 장로들은 반발했다. 기득권을 빼앗기기 때문이다. 당시 팔레스타인 지방은 **로마**제국의 속국이기 때문에, 장로들은 로마 총독 빌라도에게 예수의 처형을 요구했다. 예수가 망언으로 대중을 속이고 있다고 호소했다. 빌라도는 장로들의 요구를 거부하면 유대인이 반란을 일으킬지도 모른다고 생각해 그 요구를 받아들였다. 그리고 예수는 책형, 즉 **십자가**에 못 박히는 형을 받았다.

예수 사후, 제자들이 그의 가르침을 전파하면서 서서히 **그리스도교**가 형성되었다. 부패에 맞서 일어난 개혁 운동의 특성이 불교, 기독교 같은 종교의 성립 과정에서도 유사하게 나타났음을 알 수 있다.

## 섞으니까 좋다 - 이슬람교 수피즘

집단에 새로운 세력이 들어오면 조직은 긴장한다. 새로운 세력의 등장이 조직을 유연하게 만들고 다양성을 높일 것 같지만, 실제로는 오히려 경직되게 만드는 사례가 적지 않다. 왜냐하면 보수파가 새 세력의 확대를 막아 필사적으로 기득권을 유지하려 들기 때문이다.

이슬람 세계는 **정통 칼리프**(→ **패턴 2**) 시대부터 지하드(성전)에 나서며

**아라비아반도**를 벗어나 시리아, 이집트, 이란 등으로 세력권을 확장했다. 그 과정에서 이란인과 튀르키예인 등 비아랍인은 **아랍인**이 운영하는 이슬람 공동체 **우마**에 융합되었다.

**이슬람교**를 창시한 아랍인만으로 공동체가 운영된다면 이야기는 단순했을 것이다. 문화와 전통이 그들에게는 모두 당연하기에 **무함마드**의 가르침을 실천하는 데 아무런 장벽이 없었을 테니 말이다. 이슬람 법학자인 **울라마**들은 성전 **코란**과 무함마드의 언행록 하디스를 이용해 **이슬람법**(샤리아)이라는 규범을 제정하고 사회 질서를 유지했다.

이슬람교를 수용한 비아랍인은 어떻게 했을까? 이란인은 원래 **조로아스터교**라는 민족 고유의 종교를, 튀르키예인은 유목민 특유의 애니미즘(→ **키워드 6**)과 다신교를 믿었다. 그래서 이슬람교의 계율을 근본적으로 잘 이해할 수 없었다. 이에 **원래 종교에 이슬람교를 절충해서 무함마드의 가르침을 이해했다**. 이러한 신앙을 수피즘(신비주의)이라고 부른다. 10세기경이 되면 샤리아의 해석이 난해해졌고, 울라마들이 형식주의에 빠져들었기 때문에 그에 맞서 감각적이면서도 알기 쉬운 수피즘이 퍼져나갔다. 예를 들어, 13세기에 소아시아에서 흥했던 메블레비 교단은 빙글빙글 돌면서 신과의 일체감을 느끼는 원무를 통해 신앙심을 드러냈다. 수피즘은 이슬람 사회의 경직화를 막는 개혁 운동이었던 셈이다.

또 11세기 말에는 가잘리라고 하는 이란인 신학자가 최초로 수피즘을 이론화했다. 신학 교수였던 가잘리는 이성과 신앙의 모순을 고민했고, 각지를 방랑하며 사색에 잠긴 끝에 감각적 수피즘을 명료하게 분석해 이슬람 신학에 큰 영향을 주었다. 이처럼 **세계사에서는 너무나도 다른 두 사상을 서로 이어주는 인물이 종종 출현했다.**

### 🧭 항아리 사세요, 행복해질 거예요! – 루터의 종교개혁

16세기에 들어서자, **로마 가톨릭교회**의 부패가 드러났다. 가톨릭의 총본산인 산피에트로 대성당을 재건축하기 위한 자금이 필요하다는 명분으로 교황 레오 10세는 **면죄부** 판매를 허가했다. 면죄부는 현세의 죄를 사면해 준다는 증서다. 당시만 해도 신화와 미신이 팽배한 시대였기에 신도라면 누구나가 이 증서를 원했다. 특히 면죄부 판매가 눈에 띄게 횡행한 독일은 '로마의 암소'라고 불렸다.

이 같은 움직임에 제동을 건 인물이 **마틴 루터**다. 비텐베르크 대학교 신학부 교수였던 루터는 면죄부와 영혼의 구제에 대해 의문을 품었다. 그는 **95개 논제**를 대학 정문에 내걸고 교회의 면죄부 판매를 날카롭게 비판했다. 그리하여 1517년, **종교개혁**이 시작되었다. 가톨릭에 맞서 **프로테스탄트**가 탄생한 순간이다.

루터는 '인간의 죄는 오로지 믿음을 통해서만 용서받을 수 있다'라고 생각했고, 믿음은 오직 하나님의 복음, 즉 성경에서 구해야 한다고 외쳤다. 당연히 교황은 수용하지 않았다. 그리하여 루터는 교황으로부터 파문당하는데, 루터의 사상이 **정치적으로 이용**된 것이 문제였다.

루터의 사상은 그 무렵 이미 보급되어 있던 **활판 인쇄술** 덕에 순식간에 독일 전역으로 퍼져나갔다. 루터의 주장을 접한 농민들은 면죄부 따위는 필요 없었음을 깨닫고 분노했고, 이는 독일 농민전쟁의 도화선이 되었다. 루터는 처음에는 농민들을 동정했다. 그러나 그들이 신앙이 아니라 농노제 폐지 등 사회의 변혁을 요구한다는 사실을 알게 되자, 제후에게 농민을 억압하라고 요구했다. 루터는 어디까지나 종교적인 변혁을 목표로 삼았을 뿐이었다. 그러나 루터의 의사와는 달리 종교개혁은 정치색을 강하게 띠게 되었다.

당시 독일을 **신성로마제국**이라고 불렀다. "로마라고? 독일이 아니야?"라고 생각하는 사람도 있을 것이다. 그렇다. 사실 10세기에 독일 왕이 교황에게 로마제국의 관을 받으면서 독일은 그렇게 불렸다. 신성한 가톨릭 교황이 로마제국의 관을 수여했기에 신성로마제국이 된 것이다. 신성로마 황제는 교황의 권위 아래 제국을 지배했다. 회사로 치면 교황은 회장, 황제는 사장 같은 존재라 할 수 있겠다. 게다가 당시에는 각 지방에 있었던 **영방국가**를 지배하는 제후들의 힘이 셌기에 독일은 하나로 통합되지 못한 상태였다. 신성로마 황제는 영방국가 제후들의 힘을 꺾고 중앙집권을 펼치고 싶었는데, 제후들은 영내 지배권을 유지하고 싶어 했다(→ **키워드 12**). 황제와 제후의 대립이 이어졌으니, 신성로마제국은 제대로 통치 기능을 발휘하지 못했다고 할 수 있다.

**가톨릭 신도였던 제후들은 개신교인 루터교로 차례차례 전향했다.** 가톨릭의 비호를 받던 신성로마제국이 영내 생산물을 빼앗아 가는 데 불만을 품었기 때문이다. 제후들은 "가톨릭은 틀렸다!"라고 목소리를 높인 루터를 지지하면서 교회의 잘못을 탄핵해야 한다는 대의명분을 내세웠다. 그 결과, 제국에서 떨어져 나온 영방국가의 제후들이 영내 루터교 교회를 완전히 장악했다. 이후 신성로마제국과 제후들의 항쟁이 격렬하게 벌어졌다. 결국 황제 카를 5세는 제후들이 믿는 루터교를 인정할 수밖에 없었다. 이는 독일 분열의 결정적인 계기가 된다.

## 지배 계급의 특권 – 프랑스혁명은 어떻게 일어났나?

세계 역사상 가장 유명한 혁명은 **프랑스혁명**일 것이다. 그러나 그 전모는 의외로 잘 알려지지 않았고, 이름만 남은 느낌이다. 그래서 세계사의 패턴을 적용해 혁명의 흐름을 깔끔하게 설명하려 한다.

18세기 말 프랑스는 **부르봉왕조**였고, 이때도 지배 계급의 부패가 심각했다. **제1신분**인 성직자와 **제2신분**인 귀족이 토지 대부분을 소유하면서 **제3신분**인 평민을 지배했다. 성직자와 귀족에게는 **면세특권**이 있었다. 세계사에서 '**지배 계급의 특권은 곧 면세특권**'이다. 일본도 비슷했다. 에도 시대 무사에게는 자신을 모욕한 평민을 죽여도 처벌받지 않는 '기리스테고멘'이라는 권리가 있었는데, 그보다 더 본질적인 특권은 면세였다.

부르봉왕조는 궁궐의 사치와 잇따른 대외 전쟁으로 재정 위기에 직면했지만, 세금은 제3신분만 부담할 뿐, 상위 계급은 아랑곳하지 않았다.

이에 평민의 불만이 폭발했다. 1789년 **바스티유 감옥 습격**으로 시작된 프랑스혁명은 세계사의 패턴을 정확히 보여준다.

혁명이 일어나면 정치체제가 바뀐다(→ **키워드 9**). 프랑스혁명 후, 부르봉왕조의 왕정은 공화정으로 바뀌었다(→ **키워드 7**). 그러나 혁명이 성공해 해피엔딩으로 끝났는가 하면, 그렇지가 않다. 체제를 뒤엎었던 제3신분 사이에서도 격차가 발생했다.

18세기 말에 들어서자, 상업의 발전에 따라 부자 시민인 자본가(부르주아)가 대두했다. 이 무렵 영국에서는 **산업혁명**이 시작되었고, 프랑스에서도 공장을 소유한 부자 시민이 하나둘 나타났다. 그들은 "이렇게 지위가 올랐는데 우리에게 면세특권이 없는 것은 이상하지 않은가!"라고 생각하며 혁명에 뛰어들었다. 한편, 최하층부터 중층 시민까지가 포함되는 평민은 면세특권 폐지, 농노제 폐지, 교회 헌금 폐지와 함께 모두가 참정권을 행사하는 보통선거 실현을 외치며 철저한 혁명을 요구했다. 제3신분은 '이 정도에서 혁명을 마무리하자'라는 온건파와, '더 대담한 혁명이 필요하다!'라고 주장하는 급진파로 갈렸다.

그 와중에 프랑스혁명은 주변 국가와의 혁명전쟁으로 발전했다. 주변 국가들이 혁명이 파급되는 것을 저지하려 들었기 때문이다. 혁명전쟁을 치르는 데는 군사가 많이 필요했다. 급진파는 과격한 주장을 내세우며 지원병을 끌어모았다. 그리하여 혁명의 사기는 순식간에 하늘을 찔렀고, 혁명 정부 내에서 부상한 급진파는 공화정을 선언했다.

그렇게 프랑스 **제1공화정**이 수립되고 **국민공회**가 정부의 역할을 했다.

**로베스피에르**를 중심으로 한 정치인들은 불문곡직하며 철저한 개혁을 강조했다. 로베스피에르는 생필품의 최고 가격을 설정하거나 보통선거를 명시한 헌법 초안을 만들기도 했다. 그의 추종자들은 너무 급진적인 개혁을 말렸다. 그런 동료를 로베스피에르는 단두대(기요틴)에 올려 차례차례 처형했다. 이른바 **공포정치**다. 급진적이고 독재적인 정부에 대해 불만이 쌓이고 쿠데타로 국민공회가 무너지자, 중도적인 **총재정부**가 수립되었다. 프랑스는 혁명이 일어난 뒤에도 수많은 갈등을 겪은 것이다.

계속되는 혁명전쟁과 왕당파의 폭동을 비롯해 혁명으로 재정이 궁핍해진 탓에 새 정부의 정치 상황은 매우 불안정했고, 정부를 전복하려는 음모 사건마저 자주 벌어졌다. 그때 등장한 이가 바로 **나폴레옹**이다. 프랑스혁명도 '**부패 → 혁명**'이라는 흐름에 따라 발발한 것인데, 이후의 경과까지 함께 잘 기억해 두자.

## 🧭 사라지지 않는 계급 피라미드 －7월 혁명과 2월 혁명

19세기에는 프랑스혁명 외에도 두 번의 혁명이 더 일어났다. **7월 혁명**과 **2월 혁명**이다. 전자는 1830년, 후자는 1848년에 발발했다. 18세기 말 프랑스혁명과 혼동하기 쉬우니 꼭 정리해 두자.

혁명이 반복된 이유는 **혁명 후에 만들어진 조직이 또다시 계급과 부패를 만들어 냈기 때문**이다.

인간 사회는 계급 제도(→ **키워드 1**) 없이는 유지되지 않는다. 프랑스혁명 이후 나폴레옹의 제정이 유럽을 폭풍처럼 휩쓸었지만, 결국 19세기 초 프랑스는 부르봉왕조의 복고 왕정으로 돌아갔다. 프랑스혁명으로 부르봉왕조의 왕정을 무너뜨렸는데, 다시 부르봉왕조로 회귀하다니 참으로 희한한 일이다. 하지만 나폴레옹 전쟁 후에 대혼란이 극에 달한 프랑스를 통치하려면 부르봉왕조의 권위를 이용하는 길이 가장 빨랐으리라는 생각도 든다.

일단 프랑스혁명을 경험했으니, 자유주의(→ **키워드 16**) 풍조가 퍼질 만도 했다. 그러나 부르봉왕조의 국왕 **샤를 10세**는 망명 귀족에게 보상금을 지급하는 등 기존의 지배 계급을 우대하고 출판과 언론의 자유를 제한했다. 국왕의 전제정치로 인해 다시 정권이 부패하기 시작한 것이다.

1830년, 파리 시민의 폭동으로 시작된 7월 혁명은 부르봉왕조의 왕정

7월 혁명을 그린 <민중을 이끄는 자유의 여신>

을 무너뜨렸다. 샤를 10세는 영국으로 망명했다. 그럼, 이때 왕정이 끝나고 공화정이 들어섰을까? 그렇지 않다. 지난 프랑스혁명 때 공화정의 폭주를 경험한 프랑스는 총명한 귀족 **루이 필립**을 국왕으로 삼고 다시 왕정을 택했다. 이렇게 해서 **7월 왕정**이 시작되었다.

루이 필립은 처음에는 '시민의 왕'으로 사랑받았다. 파리 시가지를 행진하며 대중과 악수하기도 했다. 하지만 점차 가면 아래 감추어진 본래 얼굴을 드러냈다.

프랑스는 7월 왕정 때 산업혁명(→ **키워드 17**)을 경험했다. 공장을 경영한 중소 자본가와 거기서 일한 노동자(프롤레타리아)가 목소리를 키워 이내 자신들의 권리를 주장하기 시작했다. 한편, 상급 자본가는 정부의 후원자로서 특별 대우를 받았다. 루이 필립은 '은행의 왕', '주식회사의 왕', '시민의 왕'이라 불렸다. 정부는 인구 대비 1%에도 못 미치는 **상급 자본가에게만 선거권을 주고 전제정치를 펼쳤다**. 당연히 **중소 자본가와 노동자는 반발했다**. 과거와 판박이 같은 상황이 전개된 것이다.

1848년, 파리 시민들은 재차 봉기해 2월 혁명을 일으켰다. 루이 필립은 영국으로 망명했고 7월 왕정은 무너졌다. 7월 혁명은 왕정에서 왕정으로 가는 흐름을 선택한 결과, 실패로 끝났다. 결국 삼세번 만에 공화정이 수립되었다. 이를 **제2공화정**이라 부른다.

**임시정부**는 자본가를 중심으로 하면서도 노동자 대표, 사회주의자(→ **키워드 18**)를 등용했다. 산업혁명의 진전으로 더는 그들의 세력을 무시할 수 없게 되었기 때문이다.

하지만 이번에도 계급 피라미드가 형성되었다. 사회주의자들은 직업 안정소를 만들어 노동자를 보호했지만, 자본가와 농민은 이에 격렬하게 저항했다. 양자의 대립은 나날이 도를 더했다. 이에 나폴레옹의 조카인 루이 나폴레옹이 대통령 자리에 앉았다. 나폴레옹이라는 **영웅의 권위(→ 키워드 3)를 바탕으로 정국을 안정시키려 한 것이다.** 권위! 그랬다. 동서고금을 막론하고 인간은 권위를 활용했다.

제2공화정에서 루이 나폴레옹의 권력은 순식간에 커졌다. 그리고 놀랍게도 1852년에 그는 나폴레옹 3세로 즉위하면서 제2제정의 막을 올렸다. 그 후 19세기의 프랑스는 대외 전쟁을 이용한 독재 유지 → 국민의 불만 → ……이라는 반복을 경험한다. 혁명이 성공해도 사회는 계급을 형성하고, 이에 재차 혁명이 일어난다.

## 🧭 자본가의 노림수 −제1차 세계 대전과 사회주의혁명

프랑스혁명과 어깨를 나란히 하는 유명한 혁명은 **러시아혁명**이다. 1917년에 시작된 이 혁명은 사회주의(→ **키워드 18**) 이념에 따라 운영되는 **소비에트**(평의회) 정권을 세웠다.

사회주의 사상은 19세기 중반에 이미 성립되어 있었다. 그런데 왜 반세기 이상 지난 20세기에 와서야 사회주의혁명이 성공했을까? 그 열쇠를 쥔 것이 **제1차 세계 대전**이다.

전쟁이 일어나는 이유는 **국가가 영토 확장을 원했고, 영토를 확장하면 지배 계층에게 이익이 생기기 때문**(→ 패턴 2)이다. 전쟁에는 대량의 물자가 필요하므로 상품을 생산하는 자본가는 엄청난 혜택을 받는다. 20세기에 들어 자본가는 정부의 주요 후원자였다. 예를 들어, 제1차 세계 대전을 주도한 독일에서는 황제 **빌헬름 2세**가 영토 확장 정책을 실행했는데, 그 배경에는 크루프라는 거대 재벌의 제국주의적 노림수가 있었다.

그리하여 1914년에 시작된 제1차 세계 대전은 젊은 노동자들이 병사로 전장에 동원되는 **총력전** 양상을 보였다. 전쟁이 길어지면서 사망하거나 다치는 노동자의 수가 늘어났다. 정부는 '전쟁 때문이니까 어쩔 수 없다'라는 대의명분하에 증세에 나섰고, 그렇게 거둔 부를 끝없이 전쟁에 쏟아부었다. 그 결과, 세금은 올랐으나 국민에게 배분되는 몫은 줄어들었다.

이에 노동자 보호를 중시하는 사회주의 세력이 부상했다. **전쟁으로 혼란스러운 러시아에서 사회주의혁명이 일어난 것은 당연한 이치**다. **레닌**을 중심으로 정권을 탈취한 소비에트는 '**평화에 관한 포고**'를 발표하며 **무 병합·무 배상·민족자결** 원칙에 따른 즉각적 정전을 교전국에 선언했다. 노동자들은 당장이라도 전쟁을 그만두고 싶어 한 것이다.

같은 제1차 세계 대전 패전국인 독일과 헝가리에서도 사회주의혁명이 발발했다. 이 두 나라에서 일어난 혁명은 보수파 자본가의 탄압을 받아 실패로 끝났다. **제1차 세계 대전 말기부터 종식 후에 이르기까지 각지에서 사회주의혁명이 빈발했다**는 사실을 꼭 알아두기 바란다.

근현대사는 **자본가가 지배하는 정권에 노동자가 저항하는 대립 구조**가 주축을 이루었다는 의미다.

> **요약**
>
> 혁명은 조직의 부패에 반발해 일어났다. 혁명은 '위로부터의 혁명', '아래로부터의 혁명' 등 다양한 양상을 보였다. 종교의 시작이 개혁 운동인 경우가 많다. 혁명 후에 생긴 계급 탓에 다시 혁명이 일어나기도 했다. 20세기 초에는 제1차 세계 대전의 영향으로 각지에서 사회주의혁명이 빈발했다.

> 패턴
> # 4
> # 정치는 종교를 이용한다
> -왜? 구조가 판박이니까!

 **개요**

정부는 국민이 열심히 일하고 부지런히 세금을 내기를 바라는 법이다. 국민이 성실하고 금욕적이며 순종적이면 국가 운영이 수월해진다. 그래서 <u>정치는 종교를 이용</u>한다. **불교**, **그리스도교**, **이슬람교** 같은 세계 종교는 금욕을 옳게 여기기 때문이다. 지배 계급의 부패에 맞서서 발생한 이 종교들은 '본능(→ 키워드 5)을 통제하고 이성을 깨우자!'라고 호소했다. 그러니 국가가 종교를 활용하는 것은 자연스러운 일일지도 모르겠다.

   그런데 <u>**종교단체가 세력을 키우면 반드시 히에라르키(→ 키워드 1)가 생겨났**</u><u>**다.**</u> 종교단체는 계급 피라미드를 활용해 조직을 제어했고, 운영 자금은 신도들의 헌금으로 충당했다. 이는 정치 구조(→ 0장)와 한치도 다르지 않다. 종교단체를 통해 부를 집약하면 그 효율이 매우 높다. 그래서 정치는 **종교단체를 우대했고, 종교단체는 정치를 후원했다.** 세계사에서는 이런 관계를 흔히 볼 수 있다.

현대에도 정치와 종교의 유착 문제는 자주 거론되는데, 양측이 손을 잡는 이유가 무엇인지 세계사의 패턴을 바탕으로 살펴보자.

> 패턴 해설

## 🧭 다르마를 따르라 – 아소카왕과 불교

통일국가가 탄생하면 새로운 과제가 생긴다. 넓어진 국토 전역에서 세금을 징수해야 하는 것이다. 인도, 중국, 지중해 주변부 국가는 넓은 영토에 여러 민족이 살았다. 문화와 풍습이 다르고 언어도 달랐다. 통일국가가 중앙집권(→ **키워드 12**)을 시행하려면 수많은 장벽을 극복해야 했다. 그래서 **국가는 종교에 접근**했다. 금욕적인 생활 규범을 제시하는 불교나 그리스도교를 보호·장려함으로써 피지배계급을 통제한 것이다(→ **키워드 6**).

인도를 최초로 통일한 것은 **마우리아왕조**다. 기원전 300년경 인도의 마우리아왕조는 남쪽 끝을 제외한 인도 전역을 통일했다. 그리고 **아소카왕** 시대에 전성기를 맞았다. 아소카왕은 **불교에 귀의**했고, 불교 사상을 이용해 인도를 통치했다.

아소카왕은 데칸고원에 있었던 칼링가라는 나라를 정복하는 과정에서 산더미처럼 쌓인 시체를 보고 깊이 뉘우쳐 불교를 신봉하게 되었다고 한다. 그는 **보편적인 다르마(법)에 바탕을 둔 통치**를 선언했다. 다르마는 법 규범과 윤리, 도덕 등을 통해 바르게 사는 길을 설파하는 가르침이다.

아소카왕은 석주와 절벽에 비문을 새겨 백성을 교화했다. 각지에 스투파(**불탑**)를 세우고 불사리(**붓다**의 유골)를 안치했다. 백성의 신앙심을 자극한 것이다. 또 불교 교단 내부에 붓다의 가르침에 대한 해석상 차이가 발생하자 불교 경전을 결집해 교리를 통일했다. 스리랑카섬에 불교를 포교한 것도 바로 아소카왕이다.

당시 인도에서는 귀족·무사와 상인계급을 중심으로 불교가 퍼져 있었기에 상위 계급을 포섭해 원활하게 통치하려면 불교의 힘이 필요했다. 물론 아소카왕 자신이 독실한 불교 신자이지만, 구조적으로 보면 불교를 정치적으로 이용한 것이다.

### 관료의 필수 능력은? – 중국의 유학

중화 제국은 드넓은 영토에서 중앙집권을 시행했다. 기원전 221년, 중국을 최초로 통일한 **진나라 시황제**는 **법가** 사상가들을 중용해 **군현제**를 시행했다. 군현제란, **전국을 군과 현으로 세분화한 뒤, 중앙에서 관료를 파견해 통치하는 제도**다. 중앙정부의 뜻에 따라 관리들이 지방에서 세금을 징수하고 분배했기에 국가를 일원적으로 통치할 수 있었다. 진나라가 일찍 멸망한 뒤, 중국을 재통일한 **전한**은 처음에는 군현제와 봉건제(→ **키워드 12**)를 병용한 **군국제**를 시행했지만, 서서히 중앙집권화를 이루어 전성기인 **무제** 때는 전국에서 군현제를 시행했다.

관료는 일정한 능력을 갖추고 있어야 했다. 성실하게 일하기, 부정을 저지르지 않기, 명령에 순종하기, 문자를 읽고 쓰기, 사물을 체계적으로 파악하기 등을 갖추어야 했다. 그래서 전한은 **국가 차원에서 유학(儒學)을 장려했다.**

유학의 특징은 '**인(仁)**' 사상에 있다. 인이란, 인간애를 근본으로 하는 가족 도덕을 말하며, **유가**를 창시한 **공자**가 내세운 가치다. 공자는 춘추전국시대의 인물이다. **주나라**의 봉건제를 이상으로 삼았으며, 성과 본이 같은 씨족을 중심으로 한 가족관계를 인으로써 재구축해야 중국이 안정될 수 있다고 생각했다. 공자의 사상은 성선설을 주장한 **맹자**, 성악설을 주장한 **순자**에게 계승되며 유학으로 완성되었다.

법가사상을 도입한 진시황 시대에 유가는 탄압의 대상이었다. **분서갱유**(焚書坑儒)라는 말을 들어 보았을 것이다. 유가가 전통적인 중국 사회를 무시하는 법가 방식에 이의를 제기하자, 유가의 책을 모조리 불 지른 것이 분서, 유생들을 굴에 몰아넣어 생매장한 것이 갱유다.

한편, **전한**에서는 덩치가 커진 행정 기구를 유지하기 위해 정부가 유학과 인 사상에 의지했다. 오경이라고 불리는 유학 경전을 공부한 유생들이 글을 읽고 쓰는 데 뛰어났기 때문이다. 또 **피라미드 구조를 가진 국가**

였기에 관리는 윗사람에게 순종해야 한다는 생각을 중시했다. **후한**에 이르러 유학은 국가의 학문으로 자리 잡았고, 이후 중화 제국을 지탱하는 근본 사상으로 발전했다.

## 손바닥 뒤집기는 당연한 일 - 로마제국과 그리스도교

고대 **로마**라고 하면 로마제국만을 떠올리지만, 1000년이나 이어진 고대 로마사는 대략 **공화정**(기원전 500년경~기원전 27년) 시기인 전반과 제정(기원전 27년~기원후395년) 시기인 후반으로 크게 구분할 수 있다.

작은 도시국가였던 로마는 공화정 시기에 영토를 확장하더니 마침내 지중해를 내해로 한 대제국으로 재탄생했다. 이렇게 광활한 영토를 지배한 로마제국은 2세기에 팍스 로마나, 즉 '**로마의 평화**'를 누렸다. 이 시기의 로마는 **원수정**이라는 체제를 도입했다. 황제에게는 군사력을 비롯해 절대적인 권한이 있지만, 귀족으로 구성된 원로원과 평민회에도 권력을 위임함으로써 공화정의 전통을 지키면서도 황제·귀족·평민이 힘의 조화를 이루는 통치 방식이다.

하지만 3세기에 접어들면서 상황이 바뀌었다. **기후의 한랭화로 인해 농업 생산이 감소하자 상업활동이 쇠퇴했다.** '3세기의 위기'로 불리는 이 시기에는 군인이 황제를 추대하는 군인황제 시대가 열렸고, 제국의 지방분권화 현상이 두드러졌다.

자, 여기서 **그리스도교** 이야기를 해 보자. **예수** 사후, 제자들이 그의 가르침을 전파하면서 그리스도교는 서서히 교단을 이루었다. 사도 **베드로**와 **바울**의 노력으로 로마에서도 그리스도교 신도가 늘어났다. 그들은 로마의 전통 의식을 거부했기에 네로를 비롯한 여러 황제로부터 탄압을 받았다. 하지만 기근이나 역병이 발생할 때마다 하층민 사이에는 그리스도교 신앙이 퍼져나갔다.

3세기 말, **디오클레티아누스**는 황제 숭배를 강요하며 **전제군주정**을 펼쳤다. 그는 로마의 전통적 다신교를 중시했는데, 자신을 유피테르(주피터)에 비유하며 성대한 의식을 치렀다. 가장 손쉬운 통치 방식은 뭐니 뭐니 해도 신권정치기 때문이다. 그러나 그리스도교 신도들은 황제 숭배를 거부했다. 그들에게 황제는 신이 아니다. 디오클레티아누스는 황제를 숭배하지 않는 그리스도교 신도를 무자비하게 탄압했다. 이는 그리스도교 역사상 가장 악랄한 박해로 알려진다.

그럼에도 그리스도교는 끊임없이 퍼져나갔다. 디오클레티아누스의 탄압을 받으면서도 제국의 하층민뿐 아니라 중층과 상층에까지 침투했다. 그래서 다음 황제 **콘스탄티누스**는 그리스도교를 끌어들여 통치를 안정시키기 위해 313년에 **밀라노 칙령**을 내려 <u>**그리스도교를 공인했다.**</u> 마침내 그리스도교가 국가의 승인을 받은 것이다. 정치가 종교를 이용한 좋은 사례다.

여기서 문제가 발생했다. 당시는 4세기로 예수 사후 300년이나 지났기에 교단 내에서 교리 해석 방법이 분분했다. 특히 예수에게 신성이 있는지에 관한 논란이 컸다. 교단을 원활히 운영하려면 교리를 통일해야 했다. 그래서 콘스탄티누스는 니케아 공의회를 열어 **아타나시우스파의 교리를 정통으로 삼았다.** 아타나시우스파는 예수가 하느님의 아들인 동시에 그와 같은 존재라고 생각했다. 반면, 예수의 인간성을 강조하는 **아리우스파**는 이단으로 여겨졌다.

이후 우여곡절 끝에 아타나시우스파는 **삼위일체설**을 계승해 나갔다. 그리스도교의 교리 형성에 다분히 정치적인 의도가 개입되었음을 알 수 있다.

4세기 말 테오도시우스는 그리스도교를 국교로 삼았고, 392년에는 다른 종교를 엄격히 금지했다. 이에 그리스도교는 제국의 유일한 국교가 되었다. 그로부터 3년 뒤, 로마제국은 동서로 분열했지만, 그리스도교는 유럽 사회 전체에 뿌리내렸다.

## 종교를 이용하면 돈이 나온다? -개종한 나라들

정치가 종교와 가까워지려고 한 것은 종교단체의 히에라르키를 통치에 이용하기 위해서다. 이는 종교 조직의 구조를 그대로 활용해 국가를 운영하겠다는 의도다. 종교를 이용하면 막대한 국가 운영 자금도 조달할 수 있었다. 그래서 세계사에서는 **수많은 국가가 종교를 보호·장려했고 개종하거나 국교로 삼기도 했다.**

395년에 로마제국이 동서로 나뉜 배경에는 4세기 후반부터 시작된 **게르만족의 대이동**이 있다. 게르만족은 로마를 침입해 도시를 파괴했다. 이에 로마의 상업은 침체했고, 기존의 정치 세력은 힘을 잃었다. 로마가 **서로마제국**과 **동로마제국**(비잔틴제국)으로 쪼개진 뒤에도 게르만족은 서진을 이어갔고, 서유럽에서는 지방분권화가 촉진되었다. 변함없이 남은 것은 그리스도교 신앙뿐이다.

5세기에는 게르만계 프랑크족이 갈리아(현재 프랑스 일대)에 **프랑크왕국**을 세웠다. 갈리아는 그 유명한 **카이사르**가 공화정 시기에 정복한 땅이다. 로마제국이 이곳을 정복한 뒤에는 다수의 로마인이 옮겨와 살았다. 그리고 제국이 그리스도교를 공인하고 국교로 삼았을 무렵에는 갈리아에 거주하던 로마인들 사이에 정통 교리인 아타나시우스파 교리가 퍼졌다. 그런데 그곳에 프랑크족이 이주해 왔다. 게르만족은 대부분 이단으로 여겨진 아리우스파나 게르만족의 전통인 다신교를 믿었다. 지배자와 피지배자의 종교에 차이가 생긴 것이다.

프랑크왕국은 갈리아에 거주하는 로마인을 흡수해야 했다. 로마인 귀족은 대부분 교회의 주교로서 각 지방 행정에 큰 역할을 했다. 그래서 프랑크왕국의 초대 왕 **클로비스는 자신이 직접 아타나시우스파로 개종**하고 통치 지식과 경험이 풍부한 로마인 귀족에게 협조를 구했다. 전해지는 말에 따르면, 열성적인 그리스도교 신도였던 왕비의 설득으로 개종했다지만, 거기에는 엄청난 정치적 의도가 숨어 있다.

로마제국이 동서로 나뉜 뒤에는 그리스도교회도 분단되었다. 서쪽으로는 로마를 중심으로 한 **로마 가톨릭교회**, 동쪽으로는 **콘스탄티노플**(현재의 이스탄불)을 중심으로 한 **그리스정교회**가 독자적으로 발전했다. 동유럽과 발칸반도로 퍼진 그리스정교회 또한 국가의 보호를 받았다.

동유럽의 흑해 북쪽, 지금의 우크라이나에 해당하는 지역에는 **노르만족**이 이주해 왔다. 그들은 스칸디나비아반도에 살던 민족인데, 10세기 전후에 기후가 따뜻해지자, 남하를 시작하더니 동쪽에서는 흑해 북쪽 근처까지 침입해 내려왔다. 그곳에 **키예프공국**을 세운 노르만족은 현지 **슬라브족**을 정복하고 동화시키는 데 큰 힘을 썼다. 군주 **블라디미르 1세는 비잔틴 황제의 여동생과 결혼하고 그리스정교로 개종**했다. 비잔틴제국의 권위도 얻고 그리스정교 신도들도 끌어들이기 위해서였다.

이 밖에도 정치가 종교를 이용한 예는 일일이 셀 수 없을 만큼 많다. 일본의 야마토 정권은 쇼토쿠 태자가 제정한 17조 헌법에서 '독실하게 삼보(부처, 불법, 승려)를 공경하라'를 강조하며 불교를 보호했다. 이는 불교를 국가 통치에 이용한 사례다.

15세기에는 말레이반도의 **말라카왕국**이 이슬람교로 개종했다. 말레이반도는 인도와 중국을 잇는 무역 거점으로 원래 **무슬림 상인**의 왕래가 활발했는데, 13세기경부터 수피즘(→ **패턴 3**)을 통해 이슬람교가 퍼지자, 상업적 이익을 노린 말라카왕국이 본격적으로 이슬람교를 수용했다. 이후 이슬람교는 수마트라와 자바까지 침투했고, 현재 인도네시아는 세계에서 가장 많은 무슬림 인구를 자랑하는 국가가 되었다.

## 🧭 노하우가 중요하다 – 일한국과 이슬람교

**우마이야왕조**를 세워서 서아시아 전역을 지배한 **아랍인**은 **이란인**(페르시아인)과 **튀르키예인**을 통치했다. 이란인은 처음에는 관료로 일했지만, 나중에는 **아케메네스왕조**를 세우고 서아시아의 여러 민족을 지배했다. 아케메네스왕조는 사트라프(총독) 제도를 도입하는 등 처음부터 중앙집권 시스템(→ **키워드 12**)에 따라 국가를 운영했다. 국가를 통치하는 방법을 안 것이다.

한편, 9세기경에는 튀르키예인이 몽골고원 주변을 출발해 서쪽으로 정벌에 나서더니 서아시아에 거점을 마련했다. 무예가 뛰어난 **기마 유목민**이던 튀르키예인은 서서히 이란인을 복종시켰다. 11세기에는 튀르키예인 왕조가 전성기를 맞으며 서아시아 전역을 지배했다.

그러나 **유목민인 튀르키예인에게는 중앙집권의 노하우가 없었다**. 유목 시스템으로는 농경지대를 제대로 통치할 수 없었다.

그래서 튀르키예인들은 이란인을 관료로 등용해 국가를 관리하는 비결을 배웠다. 11세기에 서아시아의 정치권력을 장악한 튀르키예계 **셀주크왕조**는 이란인 재상 니잠 알 물크의 이름을 따 각지에 니자미야 학원을 세웠다. 마드라사로 불리는 고등교육기관의 목표는 **관료 양성**이었다.

13세기는 몽골의 세기였다. **1200년대에는 몽골인의 제국이 맹렬히 그 세력을 확장해 유라시아 대륙 대부분을 지배했다**. 몽골인은 서아시아 구석구석까지 정복했다. 이슬람교의 권위자 **칼리프**가 머물렀던 **바그다드**는 **쿠빌라**

**이**의 동생 **훌라구**가 이끄는 몽골군에 덧없이 함락되었고, 칼리프는 살해되었다. 그 결과 서아시아에 들어선 나라가 **일한국**이다.

몽골인도 튀르키예인처럼 기마 유목민이다. 몽골인은 유라시아 농경지대를 지배할 때 각지의 제도를 포용해서 통치하려 했지만, 좀처럼 쉽지 않았다. 그래서 일한국에서도 재무 관료로 이란인을 중용했다. 군주가잔 칸은 이란인 재상 라시드 알딘의 제안에 따라 **이슬람교를 국교로 삼았다.** 서아시아에는 이슬람교를 신봉하는 사람이 많았기에 국가 차원에서 이슬람교를 수용할 필요성이 있다고 판단한 것이다. 이렇게 해서 몽골인 국가는 급속히 이란에 동화되었다.

일한국은 몽골의 전통 세제를 개혁하고 토지세 **하라즈**를 중심으로 한 이슬람식 세제를 시행했다. 이것도 **원활하게 부를 집약하기 위해 정치가 종교를 이용한 사례**다.


## 🧭 일본은 왜 그리스도교를 금지했나? – 포교와 식민지 정책

포교와 식민지 정책은 아주 밀접한 관계다. 포교가 성공하면 현지 세력으로 흘러갈 부를 가로챌 수 있기 때문이다. 말하자면 식민지에서는 종교가 '세금을 거두는 세무서 지점' 같은 역할을 하는 것이다. 물론 선교사들은 대부분 종교적 사명감으로 포교에 임하지만, 구조적으로 보면 **포교는 식민지를 확장하는 역할을 했다.**

1492년 **콜럼버스**가 아메리카 대륙에 도착한 뒤, 스페인인은 그 누구보다 더 서둘러 **아메리카** 정복에 나섰다. 스페인 정복자는 **콩키스타도르**라고 불렸다. 스페인 국왕은 콩키스타도르가 원주민을 그리스도교로 개종시키면 현지 지배권을 허용하는 정책(엥코미엔다)을 시행했다. 애초에 이 제도의 목적은 원주민 보호였다.

그런데 콩키스타도르는 '원주민을 그리스도교로 개종시켜 하나님의 나라를 확대하고', '원주민에게 금욕적 생활, 노동을 강요해야 한다'라고 이해했고, 결과적으로 원주민을 혹사해도 된다고 생각하기에 이르렀다. 그리하여 포교와 침략을 동시에 추진했다.

대규모 농장과 광산에서 가혹한 노동에 시달린 데다 서구에서 건너온 전염병까지 퍼지자, 원주민 인구는 크게 줄었다. 양심적인 선교사들의 반대와 국왕의 통제로 인해 엥코미엔다는 점차 힘을 잃었다. 그러나 이번에는 서아프리카에서 팔려 온 수많은 **흑인 노예**가 원주민을 대신했다. 결과적으로 아메리카 대륙과 아프리카 대륙은 큰 상처를 입었다.

**에도 바쿠후**(막부)는 그리스도교 금지령을 내렸다. 그리스도교는 일본 근세사에서 매우 중요한 주제다.

나가사키와 시마바라 등지의 다이묘는 포르투갈, 스페인과의 **남만 무역**으로 큰 이익을 얻고 있었다. 이들은 남만 사람들이 가져다주는 서구 문물이나 중국산 비단, 도자기를 원했다. 또 총포 제조에 필요한 납과 초석은 일본에서는 생산되지 않았으므로 수입에 의존할 수밖에 없었다. 이에 무역이 활발히 이루어졌는데, 외국 배에는 선교사가 타고 있었고 그리스도교의 포교도 허가된 상황이었다. 따라서 그리스도교는 일본 내에 급속히 보급되었다.

선교사들의 적극적인 전도에 그리스도교 신도 수는 증가 일로를 걸었고, 한때는 일본 내 신도 수가 30만 명을 넘었다고 한다. 개종한 다이묘 중에는 영지를 가톨릭교회에 바친 사람도 있었다. 포교와 정복이 얼마나 밀접한 관계인지를 알 수 있는 대목이다. 이에 **바쿠후는 급속한 포교를 위험하게 보고, 급기야 그리스도교를 탄압**하기 시작했다.

## 내 종교, 못 바꿔! -종교의 강요와 반발

세계사에서는 한 국가가 그 **속국이나 식민지에 종교를 강요**한 예를 종종 볼 수 있다. 신앙의 자유는 없었냐고 물을지도 모르겠지만, 정치와 종교는 늘 끈끈한 관계였기에 자유는 허용되지 않았다.

예를 들어, 16세기에 전성기를 맞이한 **스페인은 상업과 모직물 공업이 발전한 네덜란드와 벨기에에 가톨릭 신앙을 강요했다.** 스페인이 교회의 히에라르키를 이용해 네덜란드의 자치권을 빼앗으려고 한 것이다.

네덜란드에는 원래 신교인 **프로테스탄트**를 믿는 사람이 많았다. 칼뱅파를 믿는 네덜란드 신교파는 '거지 나부랭이'라는 의미의 '고이센'이라 불렸다. 칼뱅파란, 스위스 **제네바**에서 **칼뱅**이 창시한 종파다. 부를 쌓는 행위를 긍정적으로 본 그의 설교는 상공업자의 지지를 받았다. 네덜란드의 고이센은 스페인의 가톨릭 강요에 거세게 반발했고 그 기운은 네덜란드 독립 전쟁으로 이어졌다.

또 17세기 영국에서는 **청교도혁명**과 **명예혁명**이라는 두 시민혁명이 발발했다. 여기서는 자세한 내용은 생략하고 구조만 설명한다.

**두 혁명은 모두 국왕이 종교를 강요한 탓에 일어났다.** 시민혁명 때는 그리스도교의 세 개 종파, 즉 가톨릭, **영국성공회**, **청교도**가 등장한다(영국성공회와 청교도는 신교). 영국성공회는 **튜더왕조**의 **헨리 8세**가 시작한 영국의 독자적인 종파로서 **로마 가톨릭교회**에서 이탈해 영국 영토 내 교회를 지배했다. 이렇게 독자적 노선을 추구하는 전통이 있었으니, 영국이 2020년 **EU**를 탈퇴할 수 있었나 보다. 한편, 청교도는 영국의 칼뱅파를 말한다.

17세기 전반, **스튜어트왕조**가 들어선 영국은 통치를 강화하기 위해 국왕이 의회에 영국성공회를 강요했다. 이 시대에는 상공업이 발전해 시민계급이 부상했으며, 영국 의회에도 상공업자가 많았다. 이 상공업자들은 대부분이 칼뱅파였다. 그런데 의회는 청교도가 다수를 차지하고 있었다. 1642년에 발발한 청교도혁명은 영국성공회를 강요당한 청교도의 반발로 일어난 것이다. 이 혁명은 왕정을 타도했고, 그 결과 영국은 역사상 유일한 **공화정**(→ 키워드 7)을 이루었다.

17세기 후반에는 다시 스튜어트왕조의 왕정으로 돌아갔다. 영국은 뭐니 뭐니해도 왕정의 나라였기에 공화정이 제대로 정착되지 못한 것이다. 그리하여 새로운 왕을 얻었지만, 늘 그랬듯 왕은 또다시 종교를 강요했다. **구교 국가인 프랑스로 망명해 있는 동안 가톨릭의 영향을 받은 왕이 즉위 후**

에 가톨릭을 의회에 강요한 것이다.

국왕은 가톨릭 신도를 공직(관리)에 등용해 지방 통치권을 공고히 하고자 했다. 사실 이 무렵 의회의

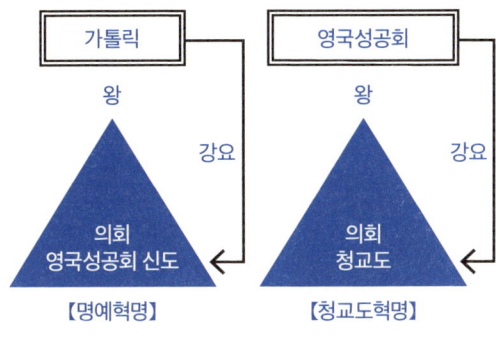

시민혁명의 구조

대다수는 영국성공회 신도였다. 원래 의회의 다수파였던 청교도는 청교도혁명 후 실각해 소수만 남았으며 일부는 국외로 도피한 상태였다. 의회 대다수를 차지한 영국성공회 신도가 중심이 되어 일으킨 명예혁명은 무혈 쿠데타를 통해 국왕을 왕좌에서 끌어내렸다.

**종교를 강요하면 반발이 일어난다.** 이 구조를 확실하게 이해한 뒤에 내용을 살펴보자.

> 요약
>
> 정치는 종교를 이용한다. 인도 마우리아왕조는 불교를, 중국 전한은 유학을 장려했고, 로마제국은 그리스도교를 국교로 삼았다. 프랑크왕국이나 일한국처럼 현지 종교로 개종하는 예도 있다. 근세에 식민지를 개척한 국가들은 국왕과 정부가 나서서 종교를 강요했다.

패턴

# 5

# 권력은 권위를 통해 정당성을 확보한다

- 국가 운영의 본질

## ☼ 개요

권력과 권위는 인간 행동을 강제한다. 정치를 잘하려면 이 두 요소를 절묘하게 구사해야 한다(→ 키워드 3). 역사상 **권력과 권위가 유착한 사례는 빈번하다.** 앞서 정치권력이 종교의 권위를 이용한 사례를 소개했는데, 여기서는 권위가 권력에 접근한 패턴을 살펴보기로 한다.

사극 드라마 〈미토 고몬〉은 미토번의 번주였던 도쿠가와 미쓰쿠니가 각지를 유람하며 악당들을 혼내는 이야기다. 그는 도쿠가와 이에야스의 손자뻘 되는 명문가의 자제다. 고몬이 자신의 정체를 알리는 가문의 문장을 보여주면, 희한하게도 악당들은 그 위세에 압도되어 일제히 고개를 숙이고 땅에 엎드려 절을 한다. 미토 고몬을 따르는 충직한 두 무사의 활약상은 엄밀하게는 사적인 무력행사에 해당하기 때문에, 문제가 될 수도 있다. 하지만 권위자인 고몬에게서 **권력(힘)을 행사할 정당성**을 부여받았기 때문에 아무도 이의를 제기하지 않는다.

이처럼 **권위가 권력에 무력행사의 정당성을 부여해 국가를 운영**했던 세계사 속 사례를 아래에 소개한다.

### 패턴 해설

## 🧭 축제 전용 도시 - 다레이오스 1세와 페르세폴리스

신권정치(→ **패턴 1**)를 펼쳤던 고대 왕조에서는 **종종 행정 수도와 종교적 수도가 나뉘어져 있었다.** 아케메네스왕조는 행정 수도를 스사에 두고, 기원전 500년경 **다레이오스 1세** 때 전성기를 거쳐 소아시아에서 중앙아시아에 이르는 대제국을 건설했다. 그림을 보면 상당한 면적임을 알 수 있다. 이

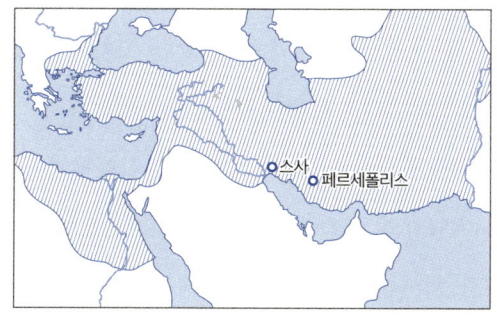

쯤 되자, 권력의 행사만으로는 드넓은 영토를 유지할 수 없었다. 여러 이민족이 제국의 통치에 반발했기 때문이다.

그래서 다레이오스 1세는 새로 제사를 주관할 도시 **페르세폴리스**를 건설했다. 페르세폴리스에서 제국의 신년 축제가 열리면 각지의 민족이 바친 공물이 넘쳐났다고 한다. 신년 축제는 페르시아의 왕권은 신에게서 부여받은 것이며, 따라서 아케메네스왕조가 지배하는 것은 정당하다고 강조하기 위한 의식이었다.

페르세폴리스는 기원전 4세기 **알렉산드로스 대왕**의 동쪽 정벌 당시 도시가 전소해 폐허가 된 곳이다. 알렉산드로스가 이미 행정 기능을 상실한 페르세폴리스를 점지한 것은 이 도시의 역사적 의의를 보여준다. 이란은 1971년에 페르세폴리스에서 건국 2500년 축제를 열었다. 이 도시가 이란 사람들에게는 민족의식의 상징이라는 의미일 것이다.

## 🧭 빛나는 황금 도장의 효용 – 중화 제국과 동아시아의 질서

세계사에서 동아시아는 특별히 주목할 만한 지역이다. 2000년이 넘는 긴 세월 동안 중국을 중심으로 한 국제질서를 형성해 왔기 때문이다. 이번에는 중화 제국의 권위와 그 역사적 구조를 살펴보기로 한다.

중국은 주변 이민족의 수장을 왕으로 봉하고 그 땅에 대한 통치권을 부여했다. 이러한 시스템을 책봉 체제라고 부른다. 책봉은 **황제**가 왕과

| 왕조 | 연대 | 왕조 | 연대 |
|---|---|---|---|
| 은 | 기원전 16 세기 ~ | 오대십국시대 | 907 년 ~ |
| 주 | 기원전 11 세기 ~ | 송 | 960 년 ~ |
| 춘추전국시대 | 기원전 770 년 ~ | 원 | 1271 년 ~ |
| 진 | 기원전 221 년 ~ | 명 | 1368 년 ~ |
| 한 | 기원전 202 년 ~ | 청 | 1644 년 ~ |
| 위진남북조 | 220 년 ~ | 중화민국 | 1912 년 ~ |
| 수 | 581 년 ~ | 중화인민공화국 | 1949 년 ~ |
| 당 | 618 년 ~ | | |

**중국 왕조의 연대**

제후의 작위를 부여하는 것을 가리켰다. 그러다가 나중에는 중국을 군주, 주변 여러 나라를 신하로 간주하는 종속적인 군신 관계를 의미하게 되었다. **주변국은 중국에 조공을 바쳤고, 중국으로부터 책봉을 받아 자국 지배를 정당화했다.** 조공은 동아시아 국가들이 중국에 공물을 바치고 중국이 이에 답례하는 외교·무역 시스템이라고 할 수 있다. 책봉은 대개 조공을 바친 뒤에 이루어졌다. 책봉 체제는 **한나라** 때 중국에서 시작되었는데 중국사를 이야기할 때는 **왕조의 시기와 순서**가 중요하니, 위의 표를 통해 꼭 알아두기 바란다.

책봉 체제는 **전한** 시대에 한반도 위씨조선과 베트남 남월과의 관계가 그 시작이라고 알려진다. 그 후 나라에서 **유학**을 관학으로 삼자 중국의 왕도를 전파하려는 중화사상이 단단히 자리 잡으면서 책봉 국가가 늘어났다. **후한**에 조공을 바치고 '한위노국왕(漢委奴國王)'이라고 새겨진 황금 도장을 받은 일본의 나노쿠니도 그중 하나다. 중국 황제로부터 왕의 칭호를 받아 통치권을 인정받은 것이다. 중국에서 황금 도장을 받았다고 으스댈 수 있었다는 말이다.

**위진남북조**시대에 들어서면서 동아시아 각지에는 여러 세력이 대두했는데, 그럼에도 책봉 국가들은 계속해서 분열 상태의 중국 왕조에 조공을 바치고 책봉을 받았다. 구체적 사례로는 야마타이국의 히미코가 **위나라**로부터 '친위왜왕(親魏倭王)'이라는 칭호를 받았고, 야마토 정권의 왜 5왕은 **남조**의 **송나라**와 군신 관계를 맺었다. **일본·조선·베트남 왕조는 중국 왕조를 통해 권위의 우산 아래로 들어감으로써 통치의 정당성을 보장받은 것**이다.

**당나라** 때가 되면 책봉 체제는 완성된 형태에 가까워지면서 동아시아의 국제질서를 확립했다. 한반도의 **신라**, 현재 중국 둥베이 지역에 있었던 **발해**, 베트남 남부에 있었던 **참파** 등 여러 나라가 중국의 책봉 체제에 속했다. 여기서 주의해야 할 것은 **책봉 체제에 포함된 국가는 비한족 국가였고, 이들은 중국의 속국**이었다는 점이다.

한편, 당나라는 조공국 말고도 영토 내에 이민족 거주지역을 두었다. 이 지역에서는 각 민족이 자치를 시행할 수 있고, 중앙정부의 지배가 미치지 못했다. **중국은 국내 이민족을 감시·감독하는 동시에 그들의 자치를 용인**했다. 이를 기미 정책이라고 부른다. 서역과 중국 서남부, 몽골과 티베트 고원 등 이민족 거주지역에서는 그들 수장의 직접 통치가 허용되었다.

즉, 중국의 통치 범위는 ❶중앙집권을 시행한 중국 본토, ❷이민족의 자치를 인정한 지역, ❸책봉을 통해 중국의 속국으로 삼은 주변 이민족

국가, 이 셋으로 크게 나눌 수 있다. **동아시아의 질서는 이처럼 다층적으로 형성되었다.**

일본의 경우, **수나라와 당나라 때 중국에 조공 사절을 보냈지만, 책봉은 받지 않았다.** 천황의 정당성이 확립된 일본에서는 책봉이 필요 없었기 때문이다. 조공의 목적은 어디까지나 중국의 문화와 제도를 도입하는 데 있었다.

## 🧭 정치와 종교는 상부상조하는 관계 - 칼의 대관식

게르만계 프랑크족이 갈리아(현재 프랑스 일대)에 **프랑크왕국**을 세웠다는 내용은 '패턴 4'에서 언급했다. 초대 국왕인 클로비스는 아타나시우스파로 개종해 현지 로마인을 포용했다. **정치가 종교를 이용**한 전형적인 사례다. 프랑크왕국의 시조는 **메로빙거왕조**다. 5세기에 프랑크왕국을 건국하고 세력을 키운 끝에 수많은 게르만 국가 중 최대 강국으로 성장했다.

한편, 이슬람 세계에서는 **우마이야왕조**가 몸집을 키우더니, 북아프리카부터 지브롤터해협을 넘어 이베리아반도까지 영토를 확장했다. 우마이야왕조는 반도의 게르만계 국가인 서고트왕국을 멸망시킨 후 한층 더 북상했고, 갈리아에 침입해 프랑크왕국과 격돌했다. 프랑크왕국의 재상으로서 행정을 총괄했던 왕국의 이인자 카를 마르텔은 우마이야왕조의 침공에 맞서 눈부신 활약을 펼쳤고, 끝내 승리를 거두었다.

'재상이 국왕보다 낫다'라는 평가가 퍼지자, 카를 마르텔 일족은 서서히 실권을 쥐고 나라를 흔들기 시작했다. 일본 가마쿠라 시대에 쇼군보다 호조 일족이 실세를 장악했던 것과 비슷하다. 그리하여 751년, 카를 마르텔의 아들 피핀이 즉위하면서 새롭게 **카롤링거왕조**가 들어섰다.

그러나 대중의 정서는 왕조의 교체를 선뜻 받아들이기가 어려워 했다. '기존의 왕은 어디 갔나?', '새 왕조에 무슨 정당성이 있지?' 같은 의문이 끊이지 않았다. 그래서 피핀은 **로마교황**의 신임을 얻어 즉위했다. 당시 갈리아 사람들은 대부분 가톨릭을 믿었기에 교황이 인정해 주면, 통치의 정당성을 보장받을 수 있다고 생각한 것이다. 물론 인간관계는 하나를 주면 하나를 얻는 것이 기본이다. 교황에게 도움을 받은 대가로 피핀은 교황에게 라벤나 지방(이탈리아반도 북동부 지역)을 바쳤다. 이를 '**피핀의 기증**'이라고 부른다. 이렇게 해서 **로마교황령**이 된 라벤나 지방에서는 공납 시스템이 작동하기 시작했고, 일종의 국가로서 기능했다. 그야말로 **정치와 종교의 유착**이라고 할 수 있다.

카롤링거왕조의 프랑크왕국은 피핀의 아들인 **카를대제** 때 전성기를 맞았다. 프랑스부터 독일을 포함한 중유럽까지 영토를 확장한 카를대제는 내정에서도 중앙집권을 실현한 국왕이다. 가톨릭을 포교하는 데 노력하고 교리를 확립한 외에도 동로마제국(비잔틴제국)을 압박하기 위해 이슬람의 **아바스왕조**와 접촉하는 등 외교에서도 수완을 발휘했다.

로마교황은 프랑크왕국과 카를대제의 권력을 원했다. 4세기 말 로마제국이 동서로 나뉜 이후에는 **로마 가톨릭교회**도 콘스탄티노플을 거점으로 세력을 형성한 **그리스정교회**와 대립함으로써 그리스도교의 분열상이 드러났다(→ **패턴 4**). 서쪽은 **게르만족의 대이동**으로 인한 혼란 때문에 정치권력이 분열된 상태였던 반면, 동쪽의 그리스정교회는 동로마제국이 뒤에 버티고 있어 서쪽의 가톨릭보다는 상황이 나은 편이었다. 그래서 로마교황으로서는 프랑크왕국을 장악해 동쪽에 대항할 수 있는 세력을 구축하려고 한 것이다.

800년 성탄 축일에 교황 **레오 3세**는 성 베드로 대성당에서 기도하던 카를대제의 머리 위에 로마 황제의 관을 씌워주었다. 이것이 바로 그 유명한 '**카를대제의 대관식**'이다. '성공한 몰래카메라' 같은 이미지가 남아 있는 이 장면은 **로마 가톨릭교회라는 종교의 권위가 로마제국의 전통을 이용해 게르만족의 정치권력과 손잡는** 지극히 중대한 사건이다. 게르만족의 침입 이후, 동쪽에 뒤처졌던 서유럽 세계가 동로마제국에 대항할 수 있는 세력으로 부상했기 때문이다. 권위가 권력을 정당화하는 행위는 양쪽 모두에게 이익을 가져다주었다.

교황의 권위와 로마 황제 대관의 전통에 따라 프랑크왕국은 제국으로 변모했다. 카를을 대제라고 부르는 이유다. 레오 3세는 카를대제 대관에 즈음해 '**서로마제국**'의 부활을 선언'하고 서유럽 세계의 확립을 드높이 외쳤다. 그러나 카를대제가 사망한 후, 프랑크왕국의 영토는 셋으로 쪼개졌다. 카롤링거왕조의 혈통도 끊어지며 서로마제국은 역사 속으로 사라졌고, **노르만족**의 침입까지 맞물리면서 서유럽은 혼란기에 돌입했다.

카를대제의 대관은 권위와 권력의 관계를 생각하기에 딱 좋은 소재다. 그 구조를 잘 기억해 두자. 또 프랑크왕국이 쪼개진 뒤, 독일 주변을 지배한 **동프랑크**왕국도 로마교황으로부터 황제의 관을 받았다는 사실과, 10세기 후반 **신성로마제국**이 탄생한 사실도 알아두기 바란다.

## 🧭 칼리프의 뜻이 그렇다면 – 대 아미르와 술탄의 칭호

이슬람교는 **아랍인**이 창시했다. 그리고 아랍인은 지하드(성전)를 통해 이슬람 세계를 확장하는 과정에서 이란인과 튀르키예인 등의 이민족을 포용했다. 정치권력은 점차 아랍인으로부터 그들에게 넘어갔고, 그들은 서아시아 세계를 지배했다. 이번에는 비아랍인 권력이 정통성을 얻어가는 과정을 살펴보기로 한다.

9세기 무렵이 되자, **이란인**(페르시아인)이 서아시아 세계의 정권을 장악했다. 그들은 **아케메네스왕조**를 비롯해 고대로부터 중앙집권을 실행해 왔으므로 정치에는 깊은 조예가 있었다. 그래서 아랍인 왕조 때부터 이란인은 관료로 등용되었고, 그 덕에 세력이 순식간에 커진 측면이 있다.

10세기에는 이란계 **브와이프왕조**가 일어났다. 그들은 군사력과 기마유목민을 이용해 막강한 힘을 가지고 있었기에 **아바스왕조**의 수도 **바그다드**를 침공할 수 있었다. 아바스왕조에는 이슬람 세계의 종교 지도자 **칼리프**가 있었다. 힘은 많이 약해졌어도 권위는 아직도 유지되고 있었다. 브와이프왕조는 칼리프로부터 정치권력을 부여받아 946년에 대 아미르

칭호를 받아냈다. 대 아미르란, **서아시아의 세금 징수권과 군사권**을 관장하는 군사령관을 가리킨다. 칼리프를 무너뜨리고 종교의 권위를 빼앗은 것이 아니라, 칼리프를 대신해 정치권력을 장악한 것이다. 무작정 칼리프를 몰아내면 이슬람교도의 반발을 살 수도 있기 때문이다. 그보다는 권위로부터 권력을 위임받는 편이 원만했다. 이후 브와이프왕조는 이슬람 세계의 통치자로 군림했다.

같은 시기, **몽골고원에 자리 잡고 있던 튀르키예인은 서쪽으로 진출**했다. 9세기 이후 튀르키예인의 서진(→ 패턴 4)은 세계사를 이야기할 때 매우 중요한 사건이다. 잘 기억해 두자.

**기마 유목민**이었던 튀르키예인은 뛰어난 군사력을 갖추었으므로 이란계 왕조는 그들을 노예 군인 **맘루크**로 등용했다. 노예 군인이라고 하면 왠지 모진 대접을 받은 것처럼 느껴지겠지만, 실제로는 직업 군인으로서의 높은 지위를 약속받고 이슬람 왕조에서 활동했다. 그렇게 튀르키예인의 서방 이주는 점차 늘어났고, 결국 이란인과 튀르키예인의 역학 관계가 역전되고 말았다.

11세기에 들어서면 튀르키예계 **셀주크왕조**가 들어선다. 튀르키예인 군인 집단이 이란계 관료를 거느리고 세력을 키운 끝에 세운 왕조인데, 1055년에 바그다드를 침공해 **칼리프에게서 술탄** 칭호를 받았다. 술탄이란 이슬람 세계의 정치권력자를 말한다. 앞에서 언급한 대 아미르의 상위 호환이라고 생각하면 된다. 칼리프로부터 정치권력을 부여받은 술탄은 **이슬람법**(샤리아)을 행사하는 존재로서 이슬람 세계에 그 이름을 떨쳤다.

##  조정과 바쿠후의 시소게임 – 정이대장군 임명

**권위가 권력을 정당화해 준 사례는 일본의 천황과 정이대장군 관계에서도 찾아볼 수 있다.** 정이대장군이란, 원래는 헤이안 시대에 도호쿠 지방의 아이누를 토벌하기 위해 만든 자리로, 8세기 말 간무 천황 시기에 생겼다. 정이대장군은 천황의 칙령이라는 권위를 가진 무장 집단의 우두머리다.

헤이안 시대 후기인 1000년경에는 각지에서 무사가 대두했다. 무사 가문 다이라의 다이라노 기요모리는 무사에게 부족한 권위를 얻기 위해 조정에 접근해 천황과 조정과 혈연관계를 맺었다. 결과적으로 다이라 가문은 귀족이 되었지만, 세력이 약해지고 나서는 미나모토 가문에 무너지고 만다. 한편 미나모토 가문을 이끈 미나모토노 요리토모는 귀족이 되는 대신 천황으로부터 정이대장군의 칭호를 받아 가마쿠라에 바쿠후를 세웠다. 바쿠후란, 세금 징수권과 군사권을 쥔 군사정권을 말한다. 권위를 가진 천황으로부터 동부에서 권력을 행사할 정당성을 부여받은 것이다.

그러나 **이후에도 천황에게는 권력이 남아 있었고, 조정과 바쿠후가 자주 대립**했다. 그중 하나가 바로 조큐의 난(1221년)이다. 이 무렵의 가마쿠라 바쿠후는 미나모토 가문의 혈통이 3대에서 끊어져 정치 실권이 호조 가문에게 넘어간 상태였다. 한편, 조정에서는 천황의 자리를 양위한 고토바 상황이 권력을 잡고 있었다. 조정은 권력 기구는 아니지만, 당시에는 서일본의 무사를 거느린 덕에 강력한 병력을 보유하고 있었다.

고토바 상황은 가마쿠라 바쿠후의 호조 가문을 비난하면서 전국의 무사에게 거병을 명령했다. 권위를 내세운 상황의 명령에 전국의 무사들은 동요했다. 동부의 무사 중에서는 조정에 접근하려는 세력도 드문드문 나타났다. 이에 위기를 느낀 가마쿠라 바쿠후에서는 미나모토노 요리토모의 부인이었던 호조 마사코가 "요리토모 공의 은혜를 잊지 마라!"라는 명연설을 펼쳐 무사 세력을 규합했다.

조큐의 난은 바쿠후의 압승으로 끝났고, 고토바 상황은 오키에 유배되었다. 귀양을 갔다는 점을 주목해야 한다. 고토바 천황은 뭐니 뭐니해도 전 천황이었기에 '책임지고 처형을 받는' 차원이 아니었다는 의미다. 앞서 설명한 이슬람 세계만 보더라도, 브와이프왕조와 셀주크왕조가 칼리프를 죽이지는 못했다. 동서양을 막론하고 **권위자의 목숨을 뺏기는 어려운 일**이다.

## 🧭 큰아버지가 나폴레옹이야 -19세기 중반의 프랑스

**나폴레옹 보나파르트**에 관해서는 **프랑스혁명**을 다룬 '패턴 3'에서 잠깐 설명했지만, 그가 도대체 무엇을 어떻게 했는지는 의외로 알려지지 않았다. 자세한 내용은 역사 속 카리스마 리더를 다룬 '패턴 8'에서 설명하기로 하고, 여기서는 나폴레옹의 권위에 관해 최소한의 정보만 설명한다.

나폴레옹은 하급 귀족에서 프랑스 황제로 올라선 인물이다. 말하자면 사상 최대의 벼락부자였던 셈이다. 그는 1804년 나폴레옹 1세로 프랑스 황제 자리에 즉위했다. 하지만 그의 집안은 황제는 꿈도 꾸지 못할 가난한 혈통이었다. **권위가 뒷받침되지 않았다는 말**이다.

그래서 나폴레옹은 로마교황으로부터 대관을 받을 때 성대한 의식을 치렀다. 권위자로부터 권력을 받는 장면을 보란 듯이 연출하기 위해서다. 화가 **다비드**의 유명한 그림을 보자. 나폴레옹이 아내 조제핀에게 왕비의 관을 씌워주는 장면을 그린 것이다. 나폴레옹 뒤에 교황 피우스 7세가 앉아 있는 모습을 확인할 수 있다.

19세기 초 나폴레옹이 실각한 후의 프랑스 상황은 어땠을까? **부르봉 왕조**가 복고 왕정을 세웠으나 **7월 혁명**으로 무너졌고, 이어진 7월 왕정도 **2월 혁명**으로 무너져 1848년에는 **제2공화정**이 들어섰다(→ **패턴 3**). 이 무렵에는 프랑스에서도 **산업혁명**(→ **키워드 17**)이 일어나 노동자와 자본가의

나폴레옹과 조제핀을 바라보는 교황 피우스 7세

대립이 심해지고 있었다. 혁명으로 체제가 바뀐 뒤에도 정국은 불안정했고, 노동자들은 빈발하게 폭동을 일으켰다.

나폴레옹의 조카 루이 나폴레옹은 사태를 진정시키기 위해 대통령으로 취임했다. 국민은 "나폴레옹의 조카라면 어떻게든 해결할 거야!"라는 기대를 걸었다. **그는 큰아버지 나폴레옹의 위세에 기대어 정치를 펼쳤다.**

그러나 불안한 정국은 가라앉지 않았다. 그래서 쿠데타로 대통령의 권력을 키웠고, 1852년에는 국민투표를 실시해 **나폴레옹 3세**에 즉위한 뒤 제2제정을 시작했다. 그는 나폴레옹 1세와 마찬가지로 황제가 되어 **권위를 쥐고 강권을 휘둘렀다.**

그러나 그의 제정도 오래가지 못했다. 독재라는 비판을 피하려고 해외 원정에 나섰지만, 성공하지 못한 것이다. 나폴레옹 3세는 전 국민의 미움을 샀고, **프로이센·프랑스 전쟁**에서 패한 뒤에는 퇴위할 수밖에 없었다.

## 교황은 특별하니까 -교황과 이탈리아의 관계

이번에는 고대 로마사에 비해 많이 알려지지 않은 근현대 이탈리아사를 살펴보겠다.

중세 이후 분열되어 있었던 이탈리아에서는 19세기에 리소르지멘토라는 운동을 통해 통일을 이루며 민족주의(→ 키워드 19)의 염원을 마침내 실현했다. 그 과정은 매우 험난했기에 오늘날에도 이탈리아인의 영혼에 깊이 새겨져 있다. **통일국가의 이름은 사르데냐왕국**이다. 분열된 국토를 차례로 병합한 사르데냐왕국은 1861년에는 국가명을 이탈리아왕국으로 바꾸었다.

그러나 통일의 마무리 단계에서 큰 장애물을 만났다. 바로 로마교황령이었다. 국민 대다수가 가톨릭을 믿는 이탈리아에서 교황은 특별한 존재다. 교황령은 로마 가톨릭교회의 지배를 받으므로, **권위자인 교황의 땅을 일개 왕국이 병합해도 되는지**에 관한 우려가 생긴 것이다. 또 로마교황의 배후에는 강력한 군사력을 갖춘 프랑스가 버티고 있었다. 통일을 이루려면 그들을 군사력으로 무너뜨려야 했다.

그런 상황 속에서 1870년, 앞서 언급한 프로이센·프랑스 전쟁이 발발했다. **프로이센**은 독일 통일을 마무리하기 위해, 프랑스는 나폴레옹 3세의 기사회생을 위해 싸웠다. 교황령을 수비하는 프랑스 군이 프로이센과의 전쟁터에 투입되자, 이탈리아왕국 군대는 그 틈을 타 교황령으로 쳐들어가 그 땅을 점령했다. **이탈리아의 통일은 그렇게 완결되었다.** 로마교황은 자기 영토를 강탈하고 가톨릭의 권위를 무시한 이탈리아 정부의 행태에 심기가 상해 바티칸 궁전에 틀어박혀 모습을 드러내지 않았다. 로마 교황은 자신을 '바티칸의 죄수'라고 표현했고, 이후 이탈리아 정부와 격렬하게 대립했다.

시간이 흘러 **제1차 세계 대전** 후, 이탈리아는 전례 없는 대불황을 겪었다. 기대하던 영토 확장도 뜻대로 되지 않자, 국민의 불만이 쌓였다. 이때 등장한 세력이 **무솔리니**의 파시스트당이다. 무솔리니는 1922년에 '로마 진군'이라고 불리는 쿠데타를 일으켜 정권을 잡은 다음(→ **패턴 2**), 파시즘(전체주의)을 통해 독재에 나섰다. 그에게 가장 중요한 과제는 국민의 지지를 얻는 것이었다.

이때도 로마교황과 이탈리아 정부의 대립은 계속되고 있었기 때문에, 파시스트당은 로마 가톨릭교회와 신도들의 충분한 지원을 기대할 수 없었다. 그래서 무솔리니는 1929년에 라테라노 조약을 맺어 로마교황청과 화해했고, <u>**바티칸시국의 건국을 승인했다**</u>. 로마교황청이 하나의 국가로 독립한 것이다. 자신의 권위를 인정받은 로마교황은 크게 만족했고, 파시스트당의 정당성을 적극적으로 선전했다. 이렇게 해서 무솔리니는 이탈리아 국민의 신앙심을 장악하며 일당 독재 체제를 굳혔다.

> **요약**
>
> 권위는 권력에 정당성을 부여한다. 중국을 중심으로 한 동아시아에서는 책봉 체제를 통해 주변 국가들이 통치의 정당성을 획득했다. 프랑크왕국은 교황, 셀주크왕조는 칼리프에서 정치권력을 약속받았다. 프랑스 나폴레옹 3세의 제2제정이나 이탈리아 파시즘처럼 권위를 등에 업고 독재체제를 구축한 사례도 있다.

패턴
# 6
# 민족의 이동은 역사를 바꾼다
- 이상향을 찾아서

 **개요**

'민족의 이동'에 주목해 보자. 일본에는 **아이누**, **류큐** 등 원주민이 있었지만, 4세기경에 국가가 통일된 이후 역사의 주역 자리는 야마토 민족이 차지했다. 외세의 직접 공격은 **여몽 연합군**과 **제2차 세계 대전** 등 한 손으로 꼽을 정도로 적었다. 바다가 외세의 침략을 막는 역할을 했기에 극동의 섬나라라는 지리적 조건은 장점으로 작용했다고 할 수 있다.

하지만 일본이 단일 민족 국가는 아니다. 어디서 왔는지 알 수 없는 조몬인, 기원전 4세기경 대륙으로부터 벼농사를 전해준 야요이인, 중국 둥베이 지방에서 넘어온 사람들, 7세기에 한반도에서 일어난 전란을 피해 이주해 온 도래인 등 여러 민족이 일본 열도로 넘어와 융합되었기 때문이다.

세계 역사도 민족의 이동을 통해 큰 지각 변동이 일어났다. **대륙에는 다양한 민족이 혼재했기에 서로 경계를 맞대고 대립 또는 융합하면서 영향을 주고받았다.** 이번에는 세계사를 민족의 이동이라는 관점에서 살펴본다.

> 패턴 해설

### 🧭 민족의 분포를 바꾸어놓다 – 인도·유럽어족의 남하

'어족'이란, 언어의 계통에 따라 집단을 분류하는 개념이다. 예를 들어, **바빌론 제1왕조**를 세운 **아무르인**이나 **이슬람교**를 창시한 **아랍인**은 셈어족, 중화 제국을 건설한 한족은 중국·티베트어족에 속한다. 한편, 가장 오래된 도시 문명을 구축한 **수메르인**(→ **패턴 1**)의 어족이나 일본 어족처럼 계통이 불분명한 어족도 존재한다.

수메르인이 물러간 뒤, 기원전 2000년 전반에 메소포타미아 지방에서는 셈어족이 번성했다. 그러나 기원전 1500년경에 이르는 사이에 **메소포타미아**를 포함한 유라시아 대륙의 상황은 크게 달라졌다. **인도·유럽어족이 남하했기 때문**이다.

원래 주거지가 불분명한 인도·유럽어족은 남하하기 전에는 남러시아의 평원 지대에서 유목 생활을 했던 것으로 보인다. 그러다가 기원전 2000년에서 기원전 1500년 사이에 각지로 이동했다. '왜 인도·유럽어족이라고 부를까?'라고 의아하게 생각할 수도 있는데, 그들이 인도와 유럽의 광범위한 지역으로 이동, 정착했기 때문이다. 비교언어학적 연구 결과, 인도의 힌디어와 유럽의 **라틴어**, 게르만 여러 언어 사이에는 문법과 발음이라는 측면에서 유사점이 있다는 사실이 판명되었다.

인도·유럽어족에는 소아시아에 침입해 힘을 과시한 **히타이트인**, 발칸반도를 간헐적으로 침입한 **그리스인**, 이란고원으로 남하해 페르시아 제국을 건설한 **이란인**(페르시아인), 인도에 침입해 인더스강부터 **갠지스강**에 이르는 지역에 정착한 **아리아인**이 포함된다.

아리아인은 중앙아시아에서 출발해 카이바르고개를 넘어 인더스강 상류 지역으로 진출한 뒤, 원주민인 **드라비다인**을 지배하며 농경을 시작

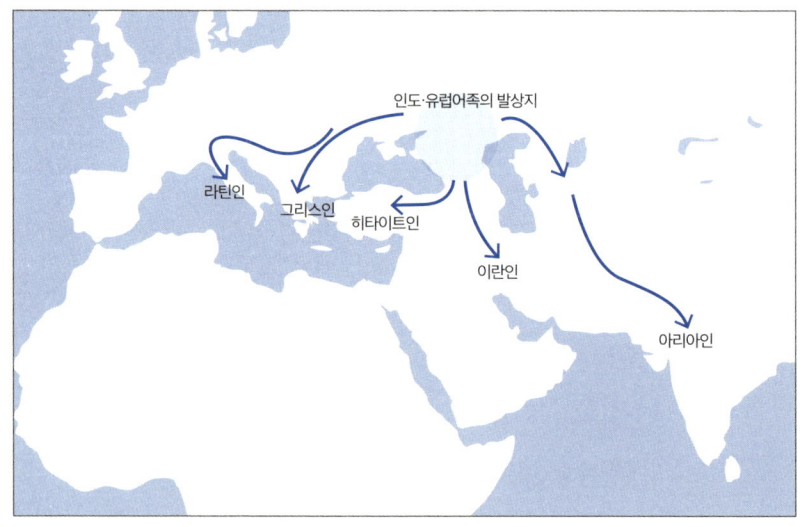

**인도·유럽어족의 남하**

했다. 카스트 제도도 아리아인의 신분제도에서 유래한 것이다. 한편, 히타이트인들은 철제 무기와 전차를 이용해 메소포타미아를 짓밟았다. 철제조법을 숙지한 그들의 영향으로 메소포타미아는 기원전 1500년경에 청동기시대에서 철기시대로 넘어간 것으로 보인다.

## 혼란을 피해 새 땅으로 - 중국 전란기와 주변 세력의 관계

**주나라** 수도 호경이 이민족의 침입으로 함락된 뒤, **진나라**가 중국을 통일하기까지의 혼란기를 **춘추전국시대**라고 한다. 중국에서는 여러 나라가 분열 상태로 항쟁을 거듭한 전란 시대가 550년이나 이어졌다. 이 시기에는 수많은 나라가 나타났다가 사라졌다. 한 세력이 쇠퇴하면 그 잔당이 주변 지역으로 이주해 새 나라를 세웠다. **민족의 이동은 한 사회의 혼란을 피하려 할 때 생긴다.**

춘추전국시대는 농업의 효율이 비약적으로 향상된 시기이기도 하다. **풍요로운 농업 생산지를 보유한 여러 나라가 제각각 힘을 키웠기에 군웅할거의 시대가 도래**한 것이다. 각지에서 인구가 폭발적으로 늘어나자, 사람들은 쾌적한 거주지를 찾아 이동했다. 그 결과, 중국의 영토는 눈에 띄게 확장되었다.

기원전 5세기경에는 강남 지방의 양쯔강 유역에서 **월나라**가 이웃 **오나라**와 격렬하게 대립했다. '와신상담'과 '오월동주' 등은 양국의 다툼 속에서 생겨난 고사성어다. 월나라는 기원전 334년에 **초나라**라는 강국에 무너질 때까지 거주지역을 중국의 남쪽으로 확장했다. 광둥 지방에서 베트남 북부 일대까지를 지배한 이들은 백월이라 불렸다.

**진나라 왕 영정**은 기원전 221년에 중국을 통일하면서 자신을 **시황제**라고 칭했다. 그는 남쪽의 백월을 침공해 광둥 지방에서 베트남 북부까지를 중국의 지배 영역에 편입시켰다. 이 군사행동에는 진나라를 따르지 않는 남방 세력을 평정하려는 목적 외에도 대규모 이주지 개척이라는 목적도 있었던 것 같다.

시황제가 사망한 후 반란이 자주 벌어져 중앙정부의 정세가 혼란스러워지자, 조타라는 군인은 월나라를 정복하고 중국 남부에서 베트남 북부에 이르는 남월이라는 나라를 세웠다. 그는 자신을 무왕이라고 칭했고, 기원전 202년에 중국을 재통일한 **전한**의 지배에도 굴하지 않았다. 전한의 전성기를 이룬 **무제**는 대군을 파견해 기원전 111년에 남월을 무너뜨렸다. 무제는 광둥 지방부터 베트남 북중부에 이르는 지역에 남해군 등 아홉 개 군을 설치하고 통치했다. 이후 베트남은 1000년 넘게 중국의 지배를 받았다.

전한의 통일 사업은 한반도 정세도 뒤흔들었다. **진나라**에서 **한나라**로 넘어가던 시기에는 지금의 **베이징** 주변에 있던 연나라에서 한족이 한반도 북서부로 대거 이주했다. 이 일대에 위만이라는 무인이 세운 나라를 **위씨조선**이라고 부른다. 위씨조선은 처음에는 전한에 **조공**을 바치고 책봉을 받았으나 위만의 손자 대에 이르러서는 한나라에 맞섰다. 이에 무제는 한반도를 공격해 기원전 108년에 위씨조선을 멸망시켰다. 무제는 한반도에 낙랑군 등 네 개 군을 설치해 중국의 중앙집권에 편입시켰다. 이후 4세기에 **고구려**가 중국의 지배에서 벗어날 때까지 한반도는 중국의 통치를 받았다.

## 🧭 이건 흡사 '자리 차지 게임' – 4세기의 민족 이동

4세기 후반에 일어난 **게르만족의 대이동**은 유럽에 새 시대를 열었다. 이 사건이 역사에 미친 영향은 이루 헤아릴 수가 없다. 그럼, 이번에는 민족의 대이동을 거시적 관점에서 살펴보자.

대이동이 시작되기 전인 2세기에 유라시아 대륙의 여러 문명은 전무후무한 번영을 구가하고 있었다. 지중해를 지배한 로마제국은 '**로마의 평화**(팍스 로마나)'를 누렸고, 중국 **후한**은 황허·양쯔강 일대의 농경지대를 배경으로 전성기를 누렸다. 풍부한 농경 생산은 상업의 발전을 뒷받침했고, 유라시아의 동과 서를 사람과 물자가 끊임없이 오갔다. 이란의 **파르티아**와 북인도의 **쿠샨왕조**는 로마와 중국을 잇는 중계 무역으로 이익을 얻어 크게 번성했다. 2세기는 빛나는 시절이었다.

그러나 3세기에 접어들면서 상황이 바뀌었다. 로마제국은 **군인황제 시대**에 접어들며 혼란을 겪었는데 이를 '3세기의 위기'라고 부른다. 중국에서는 후한이 멸망하고 북방의 기마 유목민들이 화베이로 몰려드는 분열의 시대가 시작되었다. 3~4세기의 기후 한랭화로 인해 **농경 생산량이 감소하자, 상업이 쇠퇴해 사람과 물자의 왕래가 줄어들었다.** 그로 인해 앞서 언급한 파르티아와 쿠샨왕조도 쇠퇴의 길을 걷다가 끝내 멸망한다. 그리하여 **경제 규모는 쪼그라들었고, 힘 있는 사람들이 각지에서 제멋대로 수탈을 거듭하는 지방분권(→ 키워드 12)의 시대가 열렸다.**

한랭화로 가축을 방목할 수 있는 초원이 점점 줄어들자, 기마 유목민은 바깥으로 눈을 돌리기 시작했다. 카스피해와 흑해의 초원 지대에서는 **훈족**이 서쪽으로 원정에 나섰다. 훈족이란, 몽골계와 튀르키예계 등으로 구성된 기마 유목민을 말한다. 이들은 4세기경 중앙아시아를 떠나 유럽을 여러 차례에 침입하게 되었다. 그리고 흑해 연안부에 사는 게르만계 동고트족과 서고트족을 압박했다. 먼저 동고트족이 서쪽으로 밀려나자, 그 압력으로 인해 서고트족이 375년에 남하하기 시작했고, 이듬해에는 다뉴브강을 건너 로마제국 영내로 침입했다. 이것이 게르만족 대이동의 원인이다.

이후에도 게르만족의 대이동은 이어졌고, 거기에 훈족까지 중앙 유럽을 침입했으니, 상황은 더욱 심각해졌다. 결국 **이 혼란으로 로마제국은 395년에 동서로 쪼개지고 말았다.** 서로마제국이 훈족을 물리치기 위해 **게르만족**에게 협조를 구했지만, 오히려 이 일이 게르만족의 입지를 단단하게 만들어 주었다. 결국 서로마제국은 476년 게르만계 군인들의 손에 멸망하고 말았다. 그 후 게르만족은 나라를 세웠고, 서유럽은 분열 양상을 띠었다.

중국은 3세기에 후한이 멸망하자 **위·촉·오**의 **삼국시대**에 돌입했다. 이 중에서는 위나라의 힘이 가장 강해 위나라가 중국을 통일하는가 싶더니, 국내에서 발생한 쿠데타로 **서진(진나라)**에 무너지고 말았다. 결국 중국을 통일한 것은 서진이다. 그러나 서진도 지방 분권적이었기에 제왕들의 반란이 빈번히 일어났다. 서진은 반란을 진압하기 위해 다섯 개 비한족인 **오호**에 지원을 요청했다. 그런데 반란은 진압했지만, 이를 계기로 오호의 화베이 침입도 시작되었다. 앞서 언급한 서로마제국의 예와 마찬가지로 **군사력이 약하다고 이민족에게 손을 벌리면 거꾸로 그들의 침입을 허용하는 꼴이 되고, 그리되면 왕권은 약해진다.**

서진은 북방 유목민의 반란에 어이없이 멸망했고, 그 일족이 양쯔강 유역의 건강(현재의 **난징**)으로 도피해 **동진**을 세웠다. 화베이에서는 오호가 여러 나라로 분열되었다가 386년에 몽골계 **선비족**이 **북위**를 일으켰다. 중국은 이때부터 남북조 시대에 접어들었다. 4세기 유라시아 대륙에서는 동과 서에서 비슷한 현상이 일어났음을 알 수 있다.

### 붐비는 게 싫어서 -10세기 전후의 민족 이동

게르만족이 이동한 한 요인으로 한랭화를 꼽을 수 있다고 설명했다. 그렇다면, 기후가 온난해졌을 때는 어떤 일이 일어났을까? 날이 따뜻하면 이동할 필요가 없을 것 같기도 하다. 그러나 **기후가 따뜻해져도 민족의 이**

동은 일어난다. **온난화로 인구가 증가한 탓에 새로운 거주지를 찾아 나서야 하기 때문**이다. 또 **기후가 안정되면 농경 생산력이 향상되어 남은 생산물을 활발히 팔고 사게 되므로 상업도 발달한다.**

10세기경을 중심으로 이번에는 **노르만족**이 유럽 각지로 남하했다. 노르만족은 스칸디나비아반도에 살던 민족이다. 이들은 항해 기술이 뛰어나 해안과 하천으로 침입한 뒤 약탈을 자행하는 '**바이킹**'으로 두려움의 대상이었다. 노르만족은 해적이기도 했지만, 발트해에서 북해에 이르는 해역을 누비며 무역 활동을 한 상인이기도 했다. 그래서 따뜻했던 이 시대에 그들이 급부상할 수 있었다.

노르만족은 프랑스 북부에 침입해 10세기에 **노르망디공국**을 세웠다. 이 나라는 프랑스 일대를 점령한 **서프랑크왕국**으로부터 봉토를 받았다. 또 노르만족은 11세기에 브리튼 섬을 침공해 **노르만왕조**를 창시했다. 프랑스 왕가에 복종하던 일개 공국이 잉글랜드에 왕조를 세운 것이다. 이후 영국과 프랑스의 관계는 복잡해졌고, 양국의 역사에도 큰 영향이 미쳤다.

한편, 같은 노르만계인 **루시**는 동유럽으로 남하했다. 루시의 수장인 류리크는 발트해 쪽에서 현재의 러시아 북서부로 침입해 9세기에 **노브고로드공국**을 세웠다. '루시'라는 이름이 '러시아'라는 이름으로 이어졌다. 또 루시의 일파는 드니프로강을 남하해 현재 우크라이나 땅에 **키예프공국**을 세웠다. **러시아가 우크라이나를 침공한 역사적 배경에는 노르만족이 원주민이었던 슬라브족과 동화되면서 그 나라를 발전시켰던 복잡한 사연이 숨어 있다.**

이번에는 10세기 동아시아에 초점을 맞추어보자. 907년에 **당나라**가 멸망하자 중국은 오대십국의 분열기에 접어들었다. 그 후 10세기 후반에 이르러 **북송(송)**이 중국을 통일했지만, 이 시기에도 역시 북방 유목민족의 집요한 침입이 이어졌다. 몽골고원에서는 **거란**이 세력을 확장해 **요나라**를 세우고 황허 유역의 농경지대까지 지배하는 정복왕조를 건설했다. 요나라는 북송과 동맹을 맺고 매년 은과 비단 등의 공물을 얻어냈다. 중국으로서 이것은 '재물 유출'에 해당했다. 그래서 만년 적자를 안고 있던 북송에서는 **왕안석**(→ 키워드 15)이 나서 엄격한 재정 개혁을 단행했다.

12세기에 들어서자, 중국 둥베이 지방(훗날의 만주)에서 **퉁구스계 여진족**이 **금나라**를 세웠다. 반 농업·반 수렵으로 생활하던 이들은 독자적인 군사·행정 조직을 정비해 국력을 키웠다. 그래서 북송은 금나라와 손을 잡고 그들의 군사력에 의지해 요나라를 멸망시켰다.

그러나 북송 정부는 그에 대한 대가로 돈을 내놓지 않았기 때문에, 성난 금나라가 북송의 수도 **개봉**을 함락시키고 당시 **황제**와 상황을 포로로 잡아갔다. 이후 강남으로 도피한 송나라 황족들이 1127년에 **남송**을 세우자, 화베이는 금나라의 통치권에 들어가면서 북방 민족의 지배를 받게 되었다.

## 춥지 않은데…? -17세기의 한랭화

**기후 한랭화는 국가의 쇠퇴를 초래했다.** 한랭화로 농업 생산이 감소하니, 집약할 수 있는 부가 줄어들어 국가를 운영할 비용이 부족해지기 때문이다. 군사력은 떨어졌고, 사회 기반 시설이 노후되었으며, 민중의 생활이 곤궁해졌고, 상업은 쇠퇴했다. 그 결과, **사람과 물자의 이동은 끊어졌고 지방분권이 진전되었으며 각지에서 전란이 발생**했다. 끊임없이 영토를 확장하려 한 각국(→ 패턴 2)은 한랭기에 들어서자, 방어기제가 작용한 탓인지 영토를 한층 더 확장하려 들었기에 대외 전쟁이 빈발했다.

17세기는 소빙하기가 한창이었기에 한랭화가 눈에 띄게 진행된 시기다. 템스강과 센강이 얼어붙고 기근과 역병이 만연해 유럽 인구는 눈에 띄게 줄어들었다. 바로 이 '**17세기의 위기**' 때, 영국에서는 두 번의 시민혁명이 발발했고, 30년 전쟁의 무대가 된 독일은 현저히 황폐해졌다. 프랑스의 태양왕 **루이 14세**(→ 키워드 13)가 벌인 대외 침략 전쟁은 모조리 실패했다.

인도는 **무굴제국** 시대였는데 황제 **아우랑제브**의 치세기에 최대 번영을 이루었다. 그러나 엄격한 이슬람교도였던 그는 **힌두교도** 등 비이슬람 세력을 탄압했다. 그래서 17세기 후반에는 각지에서 무굴제국에 대한 반란이 빈번히 일어났다. 인도 남부의 데칸고원에 들어선 **마라타왕국**이 무굴제국에 맞섰으며, 인더스강 상류의 **펀자브 지방**에서는 시크교도들이 대규모 반란을 일으켰다. **시크교**란, **나나크**가 창시한 종교로서 힌두교에 이슬람교의 교리를 융합해 펀자브 지방에서 교세를 확장했다. 그렇게 해서 무굴제국은 분열하기 시작했다. 또 17세기에는 영국과 프랑스의 **동인도 회사**가 인도 연안부에 거점을 마련했다. 인도 내 패권을 둘러싼 영국과 프랑스의 싸움은 현지 사회에 어두운 그림자를 드리웠다. **식민지를 개척하기 위해 이주하는 현상도 일종의 민족 이동**이라고 할 수 있을 것이다.

17세기 중국은 **명나라** 말기였다. 둥베이 지방에서는 여진족이 다시 세력을 확대했다. 이 무렵, 그들은 자신들을 '만주'라고 불렀다. 누르하치는 만주족을 통일했고, 홍타이지는 국호를 '**청**'으로 지었다. 1644년 명나라가 농민전쟁으로 멸망하자 청나라는 **만리장성**을 넘어 **베이징**에 입성한 뒤, 내란을 평정하고 중국을 지배했다. **청나라 왕조가 중국 역사상 최대 영토를 다스린 것은 17세기에 일어난 만주족의 남하, 즉 민족 이동의 결과다.**

## 이주의 말로 – 민족의 이동 후에 일어난 일들

**이동 수단이 발달한 근세 이후에는 식민 활동과 이민이 급증했다.** 이 같은 현상은 각 나라의 역사에 큰 영향을 미쳤고, 깊은 상처도 남겼다.

식민지 개척의 대표적인 예는 스페인의 아메리카 대륙 진출(→ **키워드 20**)이다. 정복자(콩키스타도르)들은 멕시코 중앙고원의 **아스테카왕국**, 안데스 고지의 **잉카제국**을 차례로 무너뜨리고 그 땅에서 **플랜테이션**(대규모 농장)과 광산을 경영했다. 그들은 원주민을 **그리스도교**로 개종시켰고, 농장이나 은 광산에서 혹사시켰다(→ **패턴 4**). 과중한 노동과 만연한 감염병으로 인해 원주민 인구는 급격히 줄어들었다. 현지 사회는 스페인인의 도래로 인해 크게 변모했다.

원주민 인구가 감소하자 이번에는 **흑인 노예**가 아메리카 대륙으로 팔려 왔다. 스페인인들은 영국인이나 포르투갈인 등의 외국 상인과 노예 공급 계약을 맺고, 그들로부터 흑인 노예를 사들일 우선권을 갖는 대신 아메리카산 담배와 사탕을 팔았다. 외국 상인은 본국에서 서아프리카의 흑인 왕국으로 일용품과 화기를 보냈다. 흑인 왕국이란, 서아프리카의 기니만에 있는 다호메이왕국이나 베닌왕국 등을 가리킨다. 그들이 내륙에서 조달한 흑인 노예는 서구인들이 가지고 온 상품과 맞바꾸는 방식으로 거래되었다. 흑인 왕국도 노예무역에 한몫한 것이다.

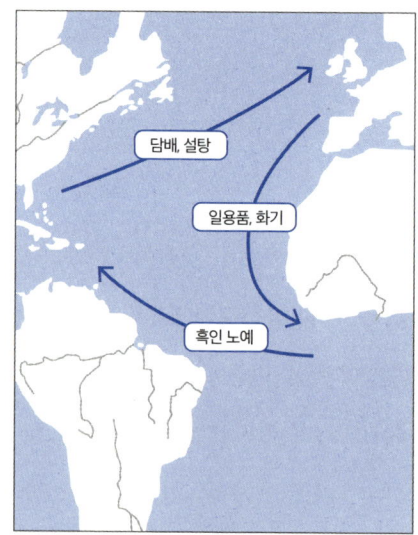

**대서양 삼각 무역**

대서양을 건너 아메리카 대륙과 서인도 제도로 팔린 흑인 노예는 선상에서 비참한 대접을 받았다. 이동 중에 목숨을 잃는 이도 속출했다. 아프리카 대륙에서는 흑인 노예 천만~2천만 명이 신대륙으로 팔려 갔다는 추산도 있을 만큼 아프리카 사회에 미친 영향은 막대하다. 신대륙 발견이 일으킨 어둠의 역사를 제대로 알아야 하겠다.

**산업혁명**(→ 키워드 17) 덕에 19세기에는 전 세계 공업 생산량이 전례 없이 늘어났다. 일찍이 산업혁명을 일으킨 영국을 필두로 한 선진국들은 식민지를 늘려 원료를 공급받거나 **자본을 쏟아부을 대상지**(→ 키워드 20)로 삼았다. 영국은 세계 각지에 건설한 식민지 중에서도 특히 말레이반도를 중요하게 여겨, 현지에서 주석 광산과 고무 농장을 경영했다. 주석은 합금의 재료이고, 고무는 기계의 완충재로서 산업혁명을 지탱하는 중요한 자원으로 쓰였다. 현지에서는 많은 노동자가 필요했기에 중국이나 인도에서 넘어오는 이민이 말레이반도로 몰려들었다. 전자는 **화교**, 후자는 **인교**라고 불리는데, 이들 모두 광산과 농장의 가혹한 노동에 종사했다. 그들이 이주하게 된 배경에는 식민지가 노동력을 원했던 점 외에, 같은 시기에 청나라와 무굴제국이 사회적 혼란을 겪었다는 점도 들 수 있다.

제2차 세계 대전 후인 1963년에 **말레이시아 연방**은 영국으로부터 독립했다. 말레이시아의 주요 민족은 말레이인인데, 앞서 언급했다시피 중국·인도 출신 이민자도 많았기에 그들 사이에서는 정부의 말레이인 우대 정책에 대한 반발이 터져 나왔다. 그리고 1965년에는 화교가 많은 싱가포르가 말레이시아로부터 추방되는 형태로 떨어져나왔다. **19세기 산업 구조의 변화는 이민을 촉진한 한편, 현지 주민과 이민 간의 갈등을 일으켰다.**

## 🧭 샐러드 볼 속 계층 구조 - 미국의 민족 구성

다양한 인종으로 구성된 미국 사회를 가리켜 사람들은 흔히 '인종 전시장' 또는 '샐러드 볼'이라 부른다. 이번에는 세계사의 관점에서 **미국**의 인종과 민족 구성에 초점을 맞추어보자.

근대 미국사의 기원은 17세기에 시작된 영국으로부터의 이민이라고 할 수 있다. '근대 미국'이라는 점이 핵심인데, 애초에 남북 아메리카 대륙에는 원주민이 있었다. 그들은 정복자들에게 차별적인 취급을 받았다. 영국은 식민지의 정치에 개입했고, 본국과 식민지 시민 사이에 벌어진 투쟁은 곧 **미국독립전쟁**으로 발전했다. 식민지가 전쟁에서 승리를 거두었고 18세기 후반에 미국은 영국으로부터 독립했다.

영국은 앵글로·색슨의 나라로 **프로테스탄트**(개신교)를 믿었다. 신교라고도 불리는 이 종파 중에서도 주류는 **영국성공회**와 칼뱅파 **청교도**다. 많은 이들이 서둘러 미국으로 넘어갔다. 그래서 미국의 지배자 계층을 백인(White), 앵글로·색슨(Anglo-Saxons), 프로테스탄트(Protestant)의 머리글자를 따 **와스프(WASP)**라고 불렀다. 또 미국에서는 남부의 대규모 농장에서 수출용 면화와 담배를 생산했는데, 그곳에 투입된 인력이 앞서 언급한 흑인 노예다. **19세기 초까지 미국은 와스프와 원주민, 흑인 중심의 민족 구성이었음을 기억하자.**

**19세기 중반에는 아일랜드인과 독일인이 미국으로 넘어왔다.** 영국에 병합된 상태에서 본국 지주가 경영하는 농장이 산업의 중심을 이루었던 아일랜드에서는 이 시기에 **감자** 기근이 발생해 수많은 아사자가 생겼다. 그래서 곤궁한 아일랜드 사람들이 앞다투어 미국으로 이주한 것이다. 또 1848년에 **3월 혁명** 등 정치적 혼란이 끊이지 않았던 독일에서도 미국으로 이주하는 사람이 늘었다. 19세기 중반의 이 같은 이민자들은 '**구 이민**'이라고 부른다.

19세기 후반에는 미국에서도 산업혁명이 급격하게 진전되었다. 1865년에 **남북 전쟁**이 종결되자 북부가 중심이 되어 공업화를 추진했고, 1869년에는 **대륙 횡단 철도**가 개통되면서 동서 경제권이 연결되었다. 더불어 1848년에는 캘리포니아에서 금광이 발견되어 골드러쉬가 시작되면서 세계 각지에서 이민이 쇄도했다. 철도 건설과 광산 노동 같은 가혹한 노동에 투입된 인력은 중국과 인도에서 건너온 이민자 쿨리(coolie)였다. 19세기 말에 세계 최고의 공업 생산량을 기록한 미국은 더 많은 노동력이 필요해졌다. **이탈리아와 폴란드처럼 비교적 가난한 남유럽·동유럽에서도 인구가 유입되었다.** 그들은 '**신 이민**'이라고 부른다. 아시아계 쿨리와 신 이민은 미국 사회에서 점차 존재감을 키웠다. 그 결과, 와스프와 아일랜드계 주민과의 사이에 알력이 불거졌음은 쉽게 상상할 수 있다.

미국은 **제1차 세계 대전** 이후인 1920년대에 번영기를 누렸다. 이때 와스프를 중심으로 한 보수파 사람들은 다른 인종을 억압했다. 청교도적인 전통을 강요하는 금주법 제정과 아시아 이민을 제한하는 이민법 제정은 이 흐름에 따른 것이다. 미국 사회의 다양성은 다양한 인종이 유입됨으로써 형성된 것이다.

세계사에서는 민족의 이동이 빈번히 일어났다. 그 이유로는 국가의 통일, 국내 정세의 악화, 온난화와 한랭화 등 여러 가지를 들 수 있다. 특히 근세 이후에는 식민 활동과 이민이 급격히 늘어났다. 미국 사회에서는 처음에는 와스프와 흑인이 인구의 다수를 차지했고, 유럽과 아시아 각국에서 유입된 이민자로 인해 다양성이 커졌다.

**패턴 7**

# 완벽한 시스템은 없다

## - 규칙의 함정

### ☀ 개요

사람은 과거의 실패를 통해 배우고 시행착오를 거듭하면서 다양한 시스템을 만들어 냈다. 시스템은 역사 그 자체다. 시스템이 왜 만들어졌는지, 어떤 기능을 했는지를 살펴보면 호모 사피엔스가 걸어 온 고난의 역사를 배울 수 있다.

그런데 역사 속에서 교훈을 얻어 만든 시스템이 있는데도 여전히 이런저런 문제가 일어난다. 왜 자꾸 문제가 발생할까? 그 원인은 이성의 산물인 시스템이 본능을 능가하지 못한다는 데(→ **키워드 5**)서 찾을 수 있다. 제도와 규칙을 만들었다 해도 본능이 거부하고 제 이익을 우선시하면 방법이 없다. 세계사에서 시스템이 유명무실화되는 데는 대체로 이런 이유가 작용했음을 이해하기 바란다.

인간은 숭고한 이상을 내걸고 다양한 시스템을 구축해 왔다. 그 아름다운 시스템은 처음에는 잘 작동하다가 언젠가 반드시 균열이 생겼고 결국에는 망가졌다. 그 실례를 검증해 보자!

**패턴 해설**

##  규칙이 서로 다르면 분쟁이 생긴다 - 코란 성립의 배경

초등학생 때 '대부호'라는 카드 게임이 유행했다. 그런데 다른 동네 아이들이랑 게임을 해 보면 동네마다 규칙이 조금씩 달랐다. 예를 들어 '7이 나오면 되돌아가기', '11이 나오면 한 사람 건너뛰기' 등 규칙이 다르다 보니 늘 싸움으로 번지기 일쑤였다. **같은 문화권끼리라면 문제가 없지만, 문화가 다른 집단과 어울릴 때는 규칙을 통일할 필요가 있다는 말이다.**

**이슬람교**의 경전 **코란**도 서로 다른 민족과 문화권에 통일된 규칙이 필요할 때 큰 역할을 했다. 이슬람교의 창시자 **무함마드**는 632년에 사망했고, 교단의 유력자들은 합의를 통해 후계자 **칼리프**를 선출했다(→ **키워드 8**). 이 시기를 **정통 칼리프** 시대라고 하며, 이때 이슬람 공동체 **우마**의 규모는 크게 확대되었다(→ **패턴 2**). 성전(지하드)을 통해 이슬람 세력은 **아라비아반도**에서 시리아와 이집트, 이란고원으로 퍼졌고, 이 과정에서 이란인과 튀르키예인 같은 비아랍인들이 개종해 교단에 흡수되었다.

그런데 **아랍인** 공동체의 전통이 통용되지 않았다. 사실 이슬람교의 계율은 아랍인의 전통과 문화에 바탕을 둔 것이다. 예를 들어, 아랍인은 술과 돼지고기를 입에 대지 않는다. 술에 빠져들면 사회 질서가 문란해진다고 생각했고, 더운 서아시아 땅에서는 돼지고기가 금방 부패하므로 식중독으로 공동체가 산산조각 날 수도 있기 때문이다. 하지만 이란인이나 튀르키예인에게는 해당하지 않는 문화였다. 민족 사이에 갈등이 생기는 것은 시간문제였다.

그래서 정통 칼리프 시대에는 무함마드의 언행을 정리한 코란을 편찬했다. 코란을 편찬한 가장 큰 이유는 무함마드 사후 수십 년이 지난 시점에서 신자들 사이에 교리 해석에서 차이가 나타났기 때문이다. 그런데 결과적으로는 '아랍인들의 이슬람 세계에서는 이렇게 한다'라고 **비아랍인 무슬림에게 통일된 규칙이 제시하는 격이 되었다.**

코란을 편찬했지만, 교단의 분열을 멈출 수는 없었다. 교세 확장이 주춤하면서 새로운 영토를 확보하지 못해 급여가 줄어든 병사들 사이에서 불만이 싹 텄기 때문이다. 마지막 정통 칼리프인 **알리**는 과격 세력에게 암살당했다. 이를 틈 타 661년에 시리아 총독 **무아위아**는 **우마이야왕조**를 세웠다.

이후 우마이야왕조는 중앙아시아에서 이베리아반도까지를 장악한 이슬람 왕조 역사상 최대 영토를 지배했다. 그들은 물론 성전 코란을 이용해 다수의 이민족을 통치했다. 코란은 아랍어로만 읽어야 했기에 공통 언어를 전파하는 효과도 거둘 수 있었다. 그러나 우마이야왕조가 아랍인만 우대하자 이란인과 소수파인 **시아파**가 반발했고, 왕조는 쇠퇴했다. 그리고 우마이야왕조는 100년도 못가 **아바스왕조**로 교체되었다.

## 🧭 위기는 기회다 -제자백가 사상

출판사 관계자께는 원고가 늦어져 늘 미안했다. 마감 직전에 되어야 위기감에 쫓긴 끝에 글이 써지니 나도 참 난감하기는 했다. 그런데 위기는 기회다. 세계사에서도 사회 정세가 벼랑 끝에 설 때마다 사상과 기술의 혁신이 일어났다.

**춘추전국시대**(기원전 770년~기원전 221년)라는 전란기(→ **패턴 6**)에는 중국 사회를 다시 일으켜 세우려고 한 **제자백가**라는 사상가들이 나타났다.

**공자**는 **유가**를 창시했다. 여기서는 윤리 수업 시간에 다루는 유학의 개념을 세계사의 맥락에서 살펴보도록 한다. 공자가 살았던 춘추시대는 **주나라** 왕의 권위가 떨어진 상태에서 유력 제후들이 이름을 떨치기 위해 애를 쓰던 시기였다. 그러한 난세에 공자는 노나라에서 정치개혁을 시도했지만 좌절하고 각지를 방랑했다. 사회가 불안정한 이유가 무엇인지 공자는 사색을 거듭했다. 그리고 그 사상을 제자들에게 가르쳐 유학의 체계를 세웠다.

유가 사상의 핵심은 '**인**'이다. 인은 인간애를 말하며, 특히 유가에서는 부모에 대한 공경을 중시했다. 가족 내 도덕을 실천함으로써 사회의 질서를 유지할 수 있다고 생각한 것이다. 왕의 권위가 떨어진 것이 문제라면, 다시 한번 왕을 떠받들고 권위를 세우면 되지 않을까? **그러려면 중국 사회의 기본인 씨족을 바로 세워야 한다.** 우리 모두 조상을 공경하자. 가족이라는 단위에서 시작해야 하고, 인을 실천해야 한다! 공자의 사상은 이런 흐름에서 정립되었다. 이와 같이 역사의 밑바탕을 조금만 알아도 이해하기가 훨씬 쉬워진다.

유가의 사상은 **맹자**의 **성선설**과 **순자**의 **성악설**로 이어진다. 이 둘은 들어 본 적이 있을 것이다. 여기에도 세계사의 원리를 반영해 보자.

맹자는 '인'의 사상을 중시했으며 만인이 사랑을 품고 있다고 생각했다. 그래서 **모든 인간은 근원적으로 선하다고 주장했다.** 이 이론에 따르면, 한 나라의 수장인 왕도 선한 존재다. 따라서 힘으로만 나라를 다스리는 것이 아니라 왕이 덕으로 하는 통치, 왕도정치를 펼칠 수 있다고 주장했다. 하지만 왕도정치가 실현될 수 있다면, 왜 중국 사회는 끊임없는 혼란을 겪었을까? 그래서 맹자는 **나쁜 것은 인간이 아니라 시스템이라고 논했다.** 제도에 문제가 있으니, 혁명을 일으켜 왕조를 무너뜨리자! 맹자의 사상은 **역성혁명**을 긍정했다(→ **키워드 9**).

순자는 인간의 본성은 악이라고 보았으며, 본능을 우선시하기에(→ **키워드 5**) 사회 질서가 문란해진다고 주장했다. '인'은 사랑과 정을 가리키므로 굳이 말하자면 도덕이나 매너에 해당하며, 본능을 규제하기에는 약하다고 생각했다. 그래서 그는 '**예**'를 중시했다. 예는 규칙이다. **규칙을 정하고 그에 반할 때는 벌을 준다.** 이렇게 하면 불이익을 받지 않기 위해 다들 규칙을 지킨다. 본능을 제한하기 위해 '예'라는 개념을 사용한 것이다. 규칙, 즉 법률이기에 **순자의 이론은 법가사상으로 계승되었다. 진나라는 이 사상을 이용해 강한 나라를 만들었고, 중국을 통일했다.** 다만, 진나라는 지나친 법치주의로 인해 민중의 반발을 초래해 금방 멸망하고 말았다.

춘추전국시대의 제자백가에는 이 외에도 병가, **도가**, 음양가 등이 있었으며 중국의 근본 사상으로 자리 잡았다. 혼란의 시대에 '어떻게 하면 될까?'에 관한 지혜를 짜낸 결과다.

## 🧭 장미에는 가시가 있다 - 균전제와 장원제

중국사는 수험생을 괴롭히기로 악명이 높다. 모두가 싫어하는 데는 ❶왕조가 많다, ❷한자가 많다, ❸시스템과 제도가 복잡하다, 이 세 가지 큰 이유가 있다. 왕조와 한자가 많은 것은 어쩔 수 없는 일이라 수험생들을 다독이면서 수업하는데, 문제는 시스템이다.

시스템과 제도는 중국사의 핵심 주제인데 문제는 이 내용이 워낙에 추상적이기 때문이다. 추상성의 정도가 높은 내용을 다룰 때 인간의 뇌는 엄청난 스트레스를 받는다. 예를 들어, '유학은 공자가 창시했다'라는 사실은 이해하기가 쉽다. 내용이 구체적이기 때문이다. 그런데 '공자는 인 사상을 중시했다'라고 하면 갑자기 등장한 추상적인 내용에 눈살이 찌푸려진다. 중국사에는 이런 막연한 이야기가 쉴 새 없이 나오기 때문에 수험생들이 멀리한다. 하지만 이제 괜찮다. 시스템을 역사의 흐름 속에서 파악하고, 이야기를 만들어 이미지를 떠올릴 수 있다면 천하무적이다. 그럼, 세계사에서 가장 아름다운 시스템, **균전제**를 알아보자!

세계사에서 중국의 특징은 면적이 넓다는 점과 사람이 많다는 점이다. 그 광활한 영토와 과밀한 인구로부터 부를 집약해 나라를 잘 운영하는 것이 통일 왕조가 직면한 최대 중요 과제였다. 그런데 솔직히 말해, **세금을 내고 싶어 하는 인간은 세상에 없다.** 특히 농업 생산이 많은 중국에서는 농민의 조세 저항이 거셌다. **탈세를 막는 것이 정부의 일이라고 해도 과언이 아니었다.**

그래서 **당나라**는 **균전제**를 시행했다. 토지를 국유화하고 농민에게 경작하게 한 것이다. 정부는 호적을 만든 다음, 나누어준 토지에 따라 조세를 징수했다. 세금은 현물 또는 노역으로 내야 했다. 이렇게 해서 탈세를 방지한 것이다. **균전제는 주민등록제도와 비슷하다.** 이를 통해 당나라 정부는 탈세를 막고 재정 기반을 다졌다. 그뿐 아니라 부병제를 도입해 호적을 근거로 농민 중에서 병사를 징집했다. 당나라의 군사력은 순식간에 안정되었고, 그 덕에 광활한 영토를 유지할 수 있었다. **균전제 덕에 당나라는 7세기에 전성기를 맞았다.**

그러나 **언뜻 보면 완벽해 보이는 균전제도 서서히 단점이 드러나기 시작했다.** 농업 생산량은 기후에 따라 크게 변했고, 사회가 안정되어 인구가 증가하다 보니 나누어줄 수 있는 토지도 바닥났다. 무거운 세금을 견디지 못해 농민층에서 몰락하고 각지를 떠도는 사람들도 나타났다. 지주들은 이들을 소작농으로 들여 장원의 몸집을 키웠다. 그러자 중앙정부로 몰려야 할 부가 줄어들고, 당나라는 지방분권 양상을 보였다(→ **키워드 12**). 당나라 중기에는 **안녹산의 난**이 발발했다. 전란으로 농지가 황폐해지자, 균전제는 더 이상 시행할 수 없게 되었다. 결국 당나라 정부는 힘 있는 자들의 장원 경영을 인정하고, 국가가 관리하는 토지제도를 중단했다. 이후 눈에 띄게 쇠락한 당나라는 10세기 초 멸망했다.

## 🧭 국가가 보증한다 – 화폐의 세계사

돈이라는 게 참 신기하다. 예를 들어, 지폐는 따지고 보면 종잇장이다. 그런데도 애지중지하다니, 어찌 보면 미스터리다. 회사에서 받는 급여도 은행의 전자 데이터에 불과하다. 대부분은 신용카드를 이용해 그 데이터를 이용할 뿐, 실제로는 '돈'이란 것을 사용하지 않는다. **통화(화폐) 제도는 인류가 만들어 낸 획기적인 시스템**이다. 이 시스템에 인간은 일희일비, 농락당하며 살아간다.

　세계에서 가장 오래된 금속 화폐는 고대 오리엔트 세계의 리디아라는 나라에서 발견되었다. 원래 상업은 현물 경제, 즉 물건과 물건을 거래하는 것이 기본이었다. 서로 원하는 바가 일치하지 않으면 물물 교환은 성립하지 않는다. 그래서 통화를 이용해 원활한 상거래를 촉진했다. 통화는 가치가 일정하기에(사람이 달라도 가치는 동일하다) 기준으로 이용할 수 있고, 저장할 수 있고(썩지 않는다), 값을 치를 때 쓸 수 있어(휴대도 쉽다) 매우 편리하다. 리디아는 소아시아의 왕국으로서 메소포타미아와 이집트, 흑해에서 지중해로 이어지는 교통의 요충지에 있었으므로 상업이 발전했다. 가장 오래된 금속 화폐가 만들어진 것도 쉽게 이해가 된다.

기후와 상업은 관계가 밀접하다. **10세기경에 나타난 온난화는 농업 생산량을 늘렸다.** 쓰고 남은 생산물은 거래의 대상이 되었기에 상업의 발전으로 **이어졌다.** 서유럽에서는 이 무렵부터 화폐 경제가 도입되었다. 중국 **송나라** 때도 상업이 발달해 구리로 동전을 만들었다. **송나라 동전**은 일본과 조선에서도 유통되었다. 다이라노 기요모리는 일본과 송나라 무역을 통해 송나라 동전을 들여왔고, 이어진 가마쿠라 시대에도 중국 동전이 보급되었다. 일본에 동전을 만들 기술이 없었기 때문이 아니라 중국에서 만들어졌다는 점을 신용했기 때문이다.

송나라 왕조는 북방 기마민족에 비해 군사력은 약했지만, 왕조가 약한 만큼 규제가 느슨해 상업이 눈에 띄게 발전했다. 동전 생산량이 상업의 발전 속도를 따라잡지 못해 돈이 부족할 정도였다. 그래서 **북송에서는 교자라는 세계에서 가장 오래된 지폐를 발행했다.** 민간의 송금어음을 정부가 인수해 지폐로 탈바꿈시킨 것이다. 송금어음이라고 하면 어렵게 느껴질 텐데, '언제까지 돈이 지급되는지'를 확인해 주는 증서라고 생각하면 된다. '그걸 가지고 있으면 돈을 받을 수 있다? 그럼 그걸로 거래하자'라는 신용 거래가 이루어지게 만든 것이다.

**원나라** 때도 **교초**라는 지폐가 발행되었다. 원나라 황실은 **티베트 불교**

를 신봉하느라 재정이 궁핍했고, 이에 지폐를 남발하자 물가가 급등해 경제가 혼란해졌다. 교초는 은과 교환할 수 있는 지폐였다. 은의 총량이 일정하다는 가정하에서 교초의 발행량이 증가하면 그 가치는 떨어졌다.

사실 **20세기 초까지 세계 경제는 지폐의 가치를 귀금속의 신용과 연동하는 시스템이었다.** 금본위제가 대표적인데 금과 지폐의 태환을 정부가 보증했다. 이 때문에 지폐 발행량을 잘못 조정하면 금세 인플레이션이 발생했다. 또 국가 신용도가 떨어질 때도 금을 원하는 사람이 늘어나면 상대적으로 화폐의 가치가 떨어졌다. **제1차 세계 대전** 이후 독일에서는 불어난 전시 채무로 화폐 가치가 하락해 무시무시한 인플레이션을 겪었다. 그래서 **현재는 국가가 통화량을 통제하는 관리 통화 제도가 일반적**이다.

지금까지 통화의 역사를 살펴보았다. 그런데 사실 **통화 제도는 국가가 효율적으로 세금을 징수하기 위해 만든 수단에 불과하다.** 헌법에 납세 의무를 정했고, 통화로 내라는 규칙을 정했으며, 통화는 정부 기관이 발행한다. 게다가 통화는 모두가 사용한다고 믿기 때문에 사용한다는 말이다. 왠지 국가가 장려하는 종교처럼 느껴지기도 한다.

## 인권이란? - 주권국가와 자연법사상

일본에서는 윤리, 정치, 사회에 관해 배우는 공민이라는 과목을 통해 '인권 사상은 인류가 쟁취한 권리'라고 배운다. 그런데 너무 화려한 표현 때문인지 '인권이 무엇이며, 어떤 과정을 거쳐 생겨난 개념인지'는 제대로 알 기회가 없는 것 같다. 그런 의미에서 인권의 개념을 역사 속에서 찾아보기로 하자.

**인권사상은 절대왕정 시기에 싹텄다.** '절대왕정과 인권이 무슨 상관이지?'라는 의문을 품을 수도 있겠다. 순서대로 설명하자면 우선 절대왕정은 말 그대로 국왕에게 절대적인 권력이 있는 정치체제를 말한다(→ 키워드 13). 절대왕정은 왕권신수설을 내세워 왕의 권력은 신이 주신 거라고 주장하며 국가의 중앙집권을 정당화했다. 16세기경 주권국가가 형성되던 시기에 절대왕정도 확립되었다.

**주권국가는 영토 내의 법과 무력행사에 관한 권한을 국가가 가진다.** 절대왕정에서는 그 권한을 신이 준 것이기에 그 누구도 거스를 수가 없다. 그럼, 국가와 국가가 갈등을 빚을 때는 어느 쪽의 법률이 우선시되었을까? 예를 들어, 전쟁 중에 A 나라 병사가 B 나라 시민을 C 나라 영내에서 해쳤을 때를 생각해 보자. 병사를 벌할 때, 어느 쪽 법을 적용해야 할지가 분명치 않다. **A·B·C가 모두 주권국가이고 신으로부터 법의 집행권을 인정받은 나라이니, 다들 자기 나라 법을 적용해야 한다고 생각**할 것 아닌가 말이다. 게다가 나라마다 규칙이 다를 테니 이야기가 복잡해진다.

**그래서 나타난 것이 바로 자연법(국제법) 사상이다. 국가와 국가 사이에는 절대 보편의 법(규칙)이 있고, 각국은 자국의 법보다 자연법을 우선시해야 한다고 생각**했다. 그렇게라도 하지 않으면 상업 거래나 무력 분쟁 때 국가 간 다툼이 심각해지기 때문이다. 17세기에 전 세계 무역을 주도한 네덜란드에서는 공해상에 적용할 법을 정비할 필요가 있음을 깨달았다. 그래서 법학자 **그로티우스**가 자연법 개념을 제창했다. 그는 국제법의 아버지라고 불리는데, 특히 **30년 전쟁**의 참상을 지켜본 뒤, 전시에도 지켜져야 할 법이 있다고 주장했다.

여기서부터가 본론이다. 자연법 개념이 탄생하고 국가 간에 적용할 보편적인 법이 생기자, **자연법이 보장하는 영구불변의 권리가 있을 거라는 생각이 대두**했다. 주권국가의 틀을 뛰어넘는 근본적인 인권, 이른바 **기본적 인권**이 탄생한 것이다.

17세기 후반에는 자연권을 행사할 수 있는 자연 상태가 안전한지에 대한 논의가 활발했다. **홉스**는 자연 상태를 '만인의, 만인에 대한 투쟁'이라고 생각했다. 각자가 자신의 권리를 무제한으로 행사하면 폭력에 노출될 수밖에 없다는 것이다. 그래서 그는 **절대적 주권자에게 권리를 양도해 안전을 확보하자고 역설**했다. 한편 존 로크는 권리를 주권자에게 맡기는 것은 위험하다고 생각했다. 통치자가 악정을 펼치는 것은 자정작용이 사라지기 때문이라고도 강조했다. **그래서 로크는 저항권, 즉 혁명을 일으켜도 된다고 주장**했다. 그는 홉스의 이론을 비판적으로 발전시켰다. 이어서 루소는 인민주권을 내세웠다. **주권이 지배자 계층에 있는 구조야말로 모든 악의 근원**이라고 설파했다. 이러한 **계몽사상**은 미국독립혁명과 **프랑스혁명**의 사상적 배경이 되었다.

인류는 역사 속에서 인권 사상 시스템을 발전시켜 왔다. 그러나 아직도 수많은 인권 문제가 남아 있음을 잊어서는 안 된다.

## 🧭 유토피아를 향해 – 사회주의 사상의 시작과 끝

**자본주의** 시스템(→ **키워드 17**)은 인류의 생산성을 눈부시게 끌어올렸지만, 부르주아(자본가)가 프롤레타리아(노동자)를 고용해 이익을 내는 구조에는 모순이 많았다. 이에 따라 두 계급 간에는 메울 수 없는 격차가 생기고 사회 구조는 크게 왜곡되었다. **이 역설을 해소하기 위해 출현한 것이 사회주의다**(→ **키워드 18**). **마르크스**가 집대성한 사회주의 이론은 **러시아혁명** 이후에 소련이라는 사회주의 국가를 탄생시켰는데, 소련은 무너졌고 사회주의의 실패라는 오명을 안게 되었다. 그 과정을 살펴보자.

사회주의란, '자본가를 없애고 공장을 공유하자!'라는 것이다. 그 방법론으로는 여러 사상이 있는데, 마르크스의 과학적 사회주의가 주류를 이루었고, **공산주의**라고 불렸다. 공산주의는 사회주의 이론 중 하나라고 생각하면 된다. 공산주의의 근간은 계급투쟁이다. **노동자가 단결해 자본가 계급을 타도하고 생산수단을 공유해 평등과 우애에 바탕을 둔 사회를 실현하려 했다.** 확실히 이상적인 주장이다. 그러나 마르크스의 주장은 무력 봉기를 통한 혁명 이론이다.

역사의 전환기에는 무력을 동반한 혁명이나 전란이 따르기 마련이다. 1871년 **프로이센·프랑스 전쟁** 말기의 프랑스에서는 노동자들이 봉기했다. 정부가 주도한 전쟁이었으나 전세가 나빠지자, 정부는 서둘러 독일과 강화 조약을 맺으려 했고, 이 때문에 파리 시민들이 반발한 것이다. 그들은 파리시 외곽에 바리케이드를 치고 **노동자 중심의 자치 정부를 형성**했다.

이 같은 사상 최초의 노동자 자치 조직을 **파리코뮌**이라고 부른다. 노동자 단체는 정부에 반기를 들고 파리 시내에 자치 정부를 수립했다. 전쟁이 발생하면 노동자는 전쟁터로 나가야 하고, 세금을 내야 하며, 모인 부는 전쟁에 투입된다. 일반 대중으로서는 하나도 좋을 게 없다. 그러니 코뮌이 정부를 대신해 부를 집약, 분배하면 생산물을 충분히 시민에게 환원할 수 있다는 논리였다. 그러나 결국 부르주아를 중심으로 한 임시정부의 진압 작전(피의 일주일)에 패하면서 파리코뮌은 무너지고 말았다. 자본가들도 가만히 있을 수만은 없었던 것이다.

19세기 말경에는 **사회주의 정당이 나타나 이상을 실현하고자 했다.** 이 무렵 유럽 각국에서는 의회제도가 정비되고 있었다. 그러니, 사회주의 단체가 선거에 나가 민중의 지지를 얻어 의석을 획득하고 의회의 과반수를 차지하면 떳떳하게 사회주의 이상을 펼칠 수 있을 것으로 믿었다. 영국에서는 **노동당**이, 프랑스에서는 통일사회당 등 사회주의 정당이 대두했고, **독일사회민주당**은 무려 정권을 탈취하기에 이르렀다.

그러나 정당의 의회 투쟁을 통한 사회주의 달성은 끝내 실현되지 못했다. **제1차 세계 대전이 터지자, 사회주의 정당들은 전쟁에 찬성하고 나섰다.** 원래 사회주의는 전쟁을 반대한다. 징병과 무거운 세금, 물자 부족에 물가 급등까지 대중에게 전쟁만큼 큰 적은 없다. 그러나 독일을 비롯한 각국의 사회주의 정당들은 내셔널리즘을 고양하기 위해 우파 세력에 접근했고, 전쟁을 지속하는 것을 찬성하며 정당의 기본 방침을 뒤집고 말았다. 생각해 보면, **애초에 정당에 따른 의회정치는 자본가에게 유리한 제도였고,**

**정치헌금을 비롯한 모든 수단을 통해 기업과 정당은 유착할 수밖에 없었다.** 사회주의 정당의 부르주아화가 서서히 진전된 것이다.

사회주의의 실현을 바란 극좌 세력은 대전을 틈타 혁명을 획책했다. 그래서 일어난 것이 러시아혁명과 **독일혁명**이다. 특히 러시아에서는 1917년에 혁명이 발발하자 급진 공산주의를 표방하는 볼셰비키가 **소비에트** 세력을 모아 무력으로 정권을 잡았다. 그리하여 사회주의 국가가 수립되었다. '소비에트'란, 파리코뮌의 러시아판이라고 생각하면 된다. 그들은 교전 중이던 각국에 휴전을 제안했고, 국내 토지는 모두 소비에트에 귀속된다고 포고했다. 사회주의의 실현을 선언한 것이다. 그리고 1922년, 마침내 소련(**소비에트 사회주의 공화국 연방**)이 세워졌다.

소련은 지극히 사회주의적인 정책을 추진했다. 농업과 공업을 집단화했고, 노르마라는 생산량을 할당하는 계획 경제를 도입했다. 그러나 생산을 관리, 조정하는 관리들이 필요해졌고, 그 인사권을 가진 서기장에게 권력이 집중되었다. 농지를 빼앗긴 농민들은 저항했고, 지나친 정책에 지식인들은 반발했다. 이에 정부는 인민을 감시하는 비밀경찰을 각지에 파견했다. 인민들은 서로 의심하기에 이르렀고, 정권에 이의를 제기한 자들은 숙청되었다. 또 **제2차 세계 대전** 후 **미국**과의 **냉전**도 소련을 피폐하게 한 요인이었다. 1989년 냉전은 종식되었고, 소련은 1991년에 소멸했다.

인류는 법률, 정치사상, 토지 제도, 통화, 인권 개념, 사회주의 등 다양한 시스템을 만들어냈다. 역사적으로 이 시스템들은 예외 없이 좌절을 겪었다. 완벽한 시스템은 없다.

패턴

# 8

# 역사의 요구에 응답한 카리스마 리더

- 사람이 먼저인가, 역사가 먼저인가?

 개요

세계사의 참맛은 뛰어난 인물의 발자취를 따라갈 때 느낄 수 있다. 카리스마 넘치는 지도자의 활약상에는 누구라도 가슴이 뛸 것이다. 지도자의 생에 관한 책이 서점에 그토록 많은 것은 사람들의 관심이 높다는 방증이기도 하다.

그런데 이름은 아는데 실체는 잘 모르는 역사 속 지도자도 많다. 나도 세계사를 배우기 전에는 '카이사르(시저)는 대체 뭘 한 사람이지?'라고 궁금하게 여겼다. '주사위는 던져졌다!', '블루투스, 너마저!' 같은 유명한 말은 알고 있었지만, 그 이상의 지식이 없어 인물을 이해하지 못한 것이다.

그래서 패턴 8에서는 세계사의 위대한 지도자들에 관해 그 전후의 역사를 중심으로 해설한다. 카리스마 리더들은 역사의 요구에 응답한 인물들이다. 그 시대, 그 장소에서 자신의 재능을 발휘에 기적적인 화학 반응을 일으켰다고도 설명할 수 있다. 세계사를 들여다보는 돋보기를 들고 위대한 지도자의 생애에 초점을 맞추어보자!

**패턴 해설**

## 🧭 세계 정복의 꿈은 무너졌는가 - 알렉산드로스

카리스마 리더 중에서도 가장 오래전 인물인 **알렉산드로스대왕**부터 시작해 보자.

알렉산드로스는 마케도니아의 국왕이었지만, **그리스인**이라고 생각하자. 기원전 5세기 고대 그리스 세계는 **페르시아 전쟁**에서 **아케메네스왕조**를 격파하며 전성기를 누렸다. **아테네**를 중심으로 도시국가 **폴리스**에서는 민주정(→ 키워드 7)이 꽃을 피웠다. 그러나 민주정이 타락했고, 파탄으로 이어졌다. 원래는 각 폴리스의 모든 시민이 자비로 무장한 **중장보병**이 그리스의 전력이었지만, 평민이 몰락하자 용병이 주류를 이루면서 끊임없이 쇠락했다. 또 아테네를 맹주로 하는 군사동맹이 조직되자 다른 폴리스들이 이에 반발했고, **기원전 4세기에 들어서고 나서는 폴리스 사이의 다툼이 심해졌다.**

마케도니아는 바로 이 시기에 급부상했다. 발칸반도 북부에 있었던 이 나라는 풍부한 농업 생산을 바탕으로 위대한 왕 **필리포스 2세**가 왕국의 기반을 닦았다. 그는 대외적으로는 정복 활동, 대내적으로는 권모술수를 이용해 세상을 평정했고, 국력을 비약적으로 키웠다. 대왕 알렉산드로스는 그의 아들이다.

필리포스는 그리스의 여러 폴리스를 격파하고 마침내 그리스 세계를 지배했다. 그의 야망은 까마득히 먼 동방의 페르시아제국을 향했다. 그러나 원정을 준비하려는 그때, 왕은 자객의 흉기에 쓰러지고 말았다. 뒤에서 조종한 자가 누구인지는 아직도 모른다. 아무튼 <mark>알렉산드로스는 약관 스무 살에 마케도니아 국왕으로 즉위했다.</mark> 그리고 선왕의 뜻을 이어받아 기원전 334년에 **동방 원정**에 나섰다.

대왕의 군대는 아케메네스왕조의 페르시아군을 차례로 무찔렀다. 그 기세는 멀리 인도에까지 이르렀다. 알렉산드로스는 지구의 끝에 다다르고 싶었던 건지도 모르겠다. 하지만 인더스강을 코앞에 두고 부하들의 간청에 원정은 취소되었다. 행군을 시작한 지 수 년이 지났기에 병사들의 불만이 높은 상태였다. 마케도니아로 돌아가는 길은 고난의 연속이었고, 알렉산드로스는 바빌론에서 병에 걸려 급사했다. 그의 나이 서른두 살 때였다.

알렉산드로스의 동방 원정 이후, 그의 부하들은 각지에 왕국을 세웠다. 그리스부터 오리엔트에 이르는 세계는 분열 양상을 띠었다. 한편, 문화면에서는 그리스와 오리엔트의 문화가 융합한 헬레니즘 시대가 열렸다. **이집트** 알렉산드리아에는 왕립연구소 무세이온이 세워져 자연과학이 발달했다. 그러나 같은 시기에 지중해 세계에는 **공화정 로마**가 등장했고, 기원전 1세기에 구 마케도니아령은 차례차례 로마에 병합되었다.

**동방 원정은 처음에는 무서운 기세로 영토를 넓혔지만, 도중에 좌절되었다.** 그러나 그 영향력은 컸고, 알렉산드로스는 현재에 이르기까지 사람들의 입에 오르내리고 있다. 이러한 역사의 큰 줄기를 확실히 잡아두면 더 깊은 역사도 쉽게 접근할 수 있다.

## 🧭 시스템이 과도하게 발전하면 – 진시황

**진시황**은 **처음으로 중국을 통일한 인물**이니, 그 업적이 얼마나 큰지는 말할 필요도 없을 것이다. 그럼, 진시황의 '중국 통일'에 대해 알아보자.

**춘추전국시대**의 중국이 대단한 혼란기였다는 점은 이미 여러 번 언급했다. 특히 전국시대에는 '다음 왕은 나!'라고 외치는 **제후**들이 곳곳에 넘쳐나면서 시대는 하극상의 난세였다. 이에 각국은 부국강병책을 썼고 그 결과 중국의 농업·경제 활동이 향상되었다. **제자백가**가 등용되어 중국 사상의 기초를 닦은 것도 이 무렵이다. 춘추전국시대가 자주 화제에 오르는 것도 당연하다.

'중화로 간주하는 영역'은 **전국시대 칠웅**인 연나라, 제나라, 초나라, 진나라, 한나라, 위나라, 조나라가 할거한 지역으로 보면 된다. **이 분열 상태**

를 통일한 것이 **진나라**다.
진나라에서는 효공이
라는 현군이 법가 사상
가들을 등용해 기원전
4세기에 국력을 비약적
으로 끌어올렸다. 법치
주의를 전면에 내세우
고 **군현제**를 통한 중앙
집권(→ 키워드 12)을 시

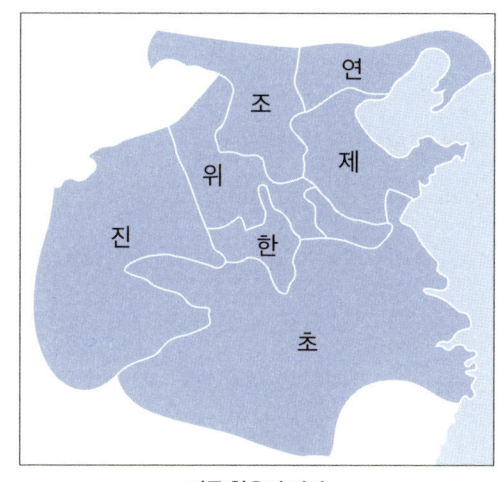

전국 칠웅의 위치

행했다. 기존의 봉건제와는 달리 중앙에서 관료를 파견해 통치했으니, **국가 전체에 대해 같은 수준에서 정책을 시행할 수 있었다.**

기원전 3세기 중반 왕위에 오른 **진나라 왕 영정**도 전통을 이어받아 법가사상을 중시했다. 영정은 여러 제후를 차례로 무찔렀다. 중국에는 '천명'이라고 해서 천제가 지상의 통치를 명령한다는 생각이 있다. **전국시대는 150년 이상 지속되었기에 통일을 희구하는 역사의 흐름이 작용했을 것이다.** 마지막으로 동쪽의 제나라를 멸망시키며 진나라 왕 영정은 기원전 221년 마침내 중국 통일을 실현했다.

영정은 진시황으로 즉위했다. **국왕보다 높은 존재(→ 키워드 10)인 황제의 위대한 권위를 바탕으로 나라를 통치했다.** 그러나 중국은 너무나도 광활해서 통일왕조를 유지하는 일이 끔찍하게도 어려웠다. 진시황도 군현제를 시행했지만, 오래전부터 지방의 토착 세력으로 자리 잡은 제후들을 강제로 몰아내는 방식은 중국의 전통적인 씨족 제도를 중시하는 유학자들의 반발을 낳았다. 이에 진시황은 유학 서적을 불태우고 유학자들을 산 채로 구덩이에 묻는 분서갱유 사건을 일으켰다. 또 반량전이라는 화폐를 발행하고 무게와 길이 등 도량형을 통일했다.

**병마용**과 아방궁을 짓는(→ **패턴 1**) 대규모 토목 사업과 지나친 중앙집권은 민중의 불만을 낳았다. 만년의 진시황은 불로불사의 약을 찾는 데만 몰두해 정치를 등한시했다. 황제가 죽자, 진승과 오광이 군사를 일으켰고, 이는 중국 전역을 휩쓰는 대반란으로 발전했다. 그들은 나라의 소집령을 받고도 늦게 응한 죄로 사형을 선고받고, '어차피 죽을 거라면 반기라도 들어 보자!'라는 심정으로 난을 일으켰다. 진승과 오광의 난은 **항우**와 **유방**의 싸움으로 발전했고 유방이 승리해 **한나라**(전한)를 세웠다.

진나라의 통일 사업은 짧게 끝났다. 그러나 이후 중국 왕조는 줄곧 군현제를 채택했고 황제 칭호는 2000년 이상 사용되었다. **진시황은 중국의 시스템을 다진 인물**인 셈이다. 그러니 하늘이 준 사명을 다했다고 할 수 있지 않을까?

## 🧭 모난 돌의 대명사 – 카이사르

**카이사르**(시저)만큼 종잡을 수 없는 지도자도 없다. 로마의 지중해 통일을 달성한 사람도 아니고, 전성기 황제도 아닌 사람이 어떻게 이렇게 강력하게 역사에 이름을 남길 수 있을까? 카이사르를 둘러싼 역사적인 사건을 정리해 보자.

고대 로마의 역사는 전후반으로 나눌 수 있는데, 기원 0년을 경계로 기원전 500년 동안이 공화정, 그 후 400년 동안이 **제정**이라고 생각하면 된다. 카이사르는 공화정 말기의 인물이다.

도시국가 로마는 라틴족이 세운 작은 나라였다. 처음에는 이민족이 왕좌에 앉았지만, 곧 왕을 추방하고 공화정을 이루었다(→ **키워드 7**). 귀족들은 종신 **원로원**을 형성해 **평민**들로부터 부를 집약했다. 상업이 발전하기 시작하자 평민들은 힘을 키워 귀족으로부터 참정권을 얻어내고자 신분 투쟁을 시작했다. 관습법을 성문화해 귀족의 대규모 토지 소유를 제한하고 평민회의 의결이 국가 법률로서 기능하게 되자, **기원전 3세기경에 귀족과 평민은 법적으로 평등해졌다.** 이 무렵까지는 그리스의 폴리스와 비슷한 흐름을 보였다. 단, 로마는 눈에 띄게 영토를 확장했다는 점이 달랐다.

로마는 **포에니 전쟁**에서 승리하고 나자 지중해 각지를 정복하기 시작했다. 획득한 영토를 속주로 삼았고, 라티푼디아라는 대농장을 경영해 농업 생산량을 크게 늘렸다. 국력이 커졌으니 좋은 일로 느껴지겠지만, 이 시기의 로마 사회는 혼란의 도가니였다. 당시의 농민은 평민이었고, 유사시에는 중장보병이 되어 국방을 담당했다. 그런데 대농장을 효율적으로 경영해 **속주**에서 값싼 곡물을 들여오자, 이탈리아반도의 중소 농민은 버티지 못했다. 평민은 몰락해서 무산 시민이 되었고, 로마는 중장보병 부대를 유지할 수 없게 되었다. 하지만 평민들은 시민권을 가지고 있었다. 귀족들은 발언력이 있는 그들을 무시할 수 없었고, '빵과 재미있는 볼거리'를 제공하며 평민을 다독이려 했다. 이 무렵부터 로마는 **힘 있는 사람들이 사병을 거느리고 서로 싸우는 '내란의 한 세기'에 돌입**했다. 이때 두각을 드러낸 인물이 카이사르다.

그는 실력자 마리우스와 연줄이 닿아 있었다. 상대 파벌의 냉대를 받아 좀처럼 실력을 펼치지 못했으나 타고난 지도력으로 민심을 얻어 서서히 출세 가도로 들어섰다. 당시에는 폼페이우스라는 장군이 이미 권력을 쥐고 있었기에 카이사르는 자산가 크라수스와 함께 삼두정치를 구성해 로마 정치의 균형을 이루었다.

갈리아 원정에서 군사력을 장악한 카이사르는 로마로 귀환하면서 "주사위는 던져졌다!"라며 부하들의 사기를 진작시켰고, 폼페이우스를 무찌르고 **로마의 실권을 장악하는 데 성공했다.** 사람들은 그를 새 왕으로 추대했고, 그는 참신한 개혁을 앞세워 정치 시스템을 일신했다. 그러나 로마는 어디까지나 공화정 국가다. 카이사르가 급부상하자 공화정의 전통을 중시하는 이들은 경계심을 품었다. 그리하여 기원전 44년, **카이사르는 공화파의 손에 암살당했다.** 그중에는 총애하던 부하도 있었다. 카이사르는 "블루투스, 너마저!"라고 외쳤다.

카이사르가 죽은 뒤 로마에서는 그의 부하들이 다시 삼두정치를 펼쳤다. 그리고 승리한 **옥타비아누스**가 이집트를 정복하자 **로마는 지중해를 내해로 삼는 대제국으로 발돋움한다.** 결국 제정이 시작되었으니, 이는 카이사르가 원한 바는 아니었다. 카이사르는 공화정에서 제정으로 넘어가는 과도기에 등장해 역사의 가교가 되려고 했지만, 대세에 저항하지 못하고 몰락했다. 그래도 명성만은 오롯이 남은 인물이다.

## 🧭 토대를 닦은 인물 - 칭기즈칸

**칭기즈칸**을 짧게 설명하면 '**몽골 전성기의 토대를 닦은 인물**'이다. 칭기즈칸이 결국 무슨 일을 한 사람이냐고 누가 묻는다면 꼭 그렇게 대답하기 바란다. 이 한 문장을 통해 그의 업적을 좀 더 파고들어 보자.

세계사에서 기마 유목민의 영향은 대단했다. 그들은 기마 기술이 뛰어났고, 활과 화살과 검을 다루는 데도 능했다. 세계사에서는 속도가 힘이다. 몽골고원의 유목민들은 종종 **황허** 유역 농경지대에 침입해 중국 왕조를 괴롭혔다.

한편, 기마 유목민들이 하나로 똘똘 뭉쳐 있었는가 하면 그렇지 않았다. 혈족을 중심으로 한 여러 부족 단위로 유목 생활을 영위했기에 이들은 늘 분열 상태였다. 농경민과 달리 한곳에 정착하지 않으니, 국가의 징세·분배 기능이 작동하기 어려워 통일 왕조는 꿈꾸기도 어려웠다. 선비족이 세운 **북위**는 중국에 통일 왕조를 세우기도 했지만, 조금씩 농경민족과 동화되어 힘을 잃었다. 상속 문제도 있어 영토 분할을 놓고 일족 사이에 내분도 자주 일어났다. 그러니 **몽골고원은 역사적으로 여러 부족으로**

갈라져 있었다고 생각하면 된다.

10세기에 기후가 온난해지자, 유목민이 활발하게 활동하기 시작했다. 몽골고원에서는 **거란족**이 세력을 키워 **요나라**를 세우고 중국 **송나라**를 압박했다. 난처했던 **북송** 왕조는 중국 둥베이 지방에서 **여진족**이 세운 **금나라**에 원조를 요청했고, 12세기에는 금나라의 공격에 거란족의 요나라가 멸망했다. 그 후, 금나라의 지배하에서 몽골고원은 심각한 분열 상태에 빠져들었다. 이때 등장한 인물이 테무친이었다.

테무친은 칭기즈칸의 본명이다. **그는 몽골의 여러 부족을 차례로 제압하고 1206년 쿠릴타이**라는 부족 회의에서 칸(대 칸)으로 즉위했다. 칸은 유목민의 군주 칭호이며, 이렇게 해서 **대몽골국**(몽골제국)이 수립되었다.

칭기즈칸은 유목민을 군사적으로 통괄하는 **천호제**라는 제도를 만들

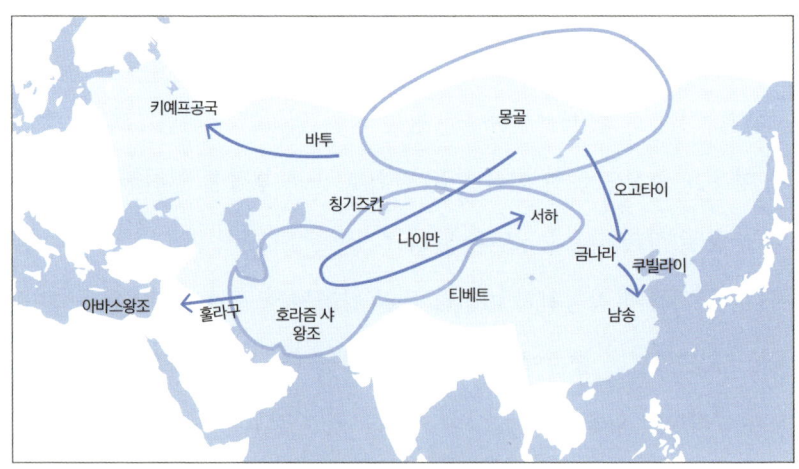

**칭기즈칸과 몽골의 정복 활동**

었다. 좀처럼 뭉쳐지지 않는 기마 유목민을 조직적으로 운용한 것이다. 법령도 제정해 문자를 이용한 통치 시스템에 관심을 기울였다. 또 대외 원정에서는 중앙아시아의 나이만과 **호라즘 샤 왕조**, 서역의 **서하**를 정복하며 영토를 한층 넓혔다. 정복한 지역은 왼쪽 지도에서 확인해 보면 쉽게 알 수 있다.

칭기즈칸이 사망하자, 그의 아들과 손자가 뒤를 이어 몽골제국의 영토를 세계 역사상 최대로 넓혔다. 그 토대는 칭기즈칸이 만들어 냈다고 해도 과언이 아니다. 그러나 궁정의 사치로 재정이 압박받고 상속을 둘러싼 내분이 벌어진 탓에 14세기 후반이 되자 제국은 이미 분열과 쇠퇴의 길로 들어섰다. 역시 역사는 반복되는 법이다. 칭기즈칸이 계속 살아 있었다면 결과는 달라지지 않았을까?

## 의욕을 전염시키다 - 잔다르크

**잔다르크**도 이름만 알고 실제 업적은 잘 모르는 인물이다. 언젠가 잔다르크를 소재로 한 영화가 흥행했는데, 관객이 그에 관한 역사를 이미 잘 알고 있는 것으로 생각하고 제작한 것 같았다. 프랑스인이라면 알 수도 있지만, 내가 보기에는 대단히 아쉬웠다. 역사와 문화에는 배경지식이 필요하다. 그러니 잔다르크를 자세히 알아보기 위해 당시 역사를 살펴보기로 한다.

**이웃 국가끼리는 사이가 나쁜 법이다.** 세계사에 등장하는 전쟁은 대부분 이웃 국가 사이에 벌어지지 않는가? 이는 영토 문제 때문이다. 도버 해협을 사이에 둔 프랑스와 영국(여기서는 잉글랜드)도 끊임없이 싸웠는데, 양국은 국왕의 핏줄이 섞여 있었기에 그 역사적인 분쟁이 더 심했다.

유럽에서는 한 왕조가 단절되면 친척 중 한 인물이 그 자리를 이어받아 새 왕으로 즉위하기도 했다. 잉글랜드의 왕위에는 프랑스 제후가 종종 즉위했다. 1154년에는 프랑스 왕의 신하인 앙주 백작이 잉글랜드 왕으로 즉위해 플랜태저넷왕조를 세웠다. 그런데 이 왕조는 프랑스 서남부 대부분을 다스리고 있었기 때문에 **영국과 프랑스 사이에 정치 문제가 끊이지 않았다.** 특히 모직물 산지인 **플랑드르 지방**과 포도주 산지인 기엔 지방의 지배권을 놓고 양측은 팽팽하게 맞섰다. 또 프랑스 **카페왕조**가 단절되자 왕위 계승 문제까지 부상했다. 프랑스에서 발루아왕조가 들어선 것을 두고 "카페왕조의 피를 이어받은 우리야말로 프랑스 왕의 계승자다!"라고 영국 왕 **에드워드 3세**가 제동을 건 것이다.

1339년에는 잉글랜드군이 프랑스를 침공하면서 **백년전쟁**이 시작되었다. **전쟁은 시작한 쪽이 무조건 유리하다.** 만반의 준비를 마친 잉글랜드의 신형 군대는 프랑스를 마구 공격했다. 전쟁 초기부터 중기까지 잉글랜드는 압도적 우세를 유지했다. 프랑스 제후 중에는 잉글랜드와 가까운 이들도 있었기에 프랑스군은 통일감이 없었다.

발루아왕조가 통치하던 15세기의 프랑스는 제후들의 합의가 이루어지지 않아 왕태자 샤를의 즉위도 쉽지 않았다. **그 순간 나타난 인물이 잔다**

르크다. 잔다르크는 프랑스 동부의 작은 마을에서 태어난 일개 시골 처녀인데, '네가 프랑스를 구할 것이다'라는 신의 계시를 받아 17세에 샤를의 군대에 입대해 참전했다. 왕태자도 잔다르크를 알현했을 때 뭔가를 느꼈는지, 잔다르크를 지휘관으로 삼았다. 그러자 순식간에 프랑스군은 전세를 뒤집었다. 특히 잔다르크는 오를레앙을 포위하고 있던 잉글랜드군을 몰아내고 절체절명의 위기에 빠진 프랑스를 구해냈다. 잔다르크의 명성은 날로 높아졌다. **프랑스군의 사기도 하늘을 찌를 듯했다.** 프랑스는 승기를 잡았고, 샤를 왕태자는 왕좌에 올랐다.

그러나 잔다르크는 프랑스 왕에게 반발하는 제후의 군대에 잡힌 뒤, 잉글랜드군에 넘겨졌다. 국왕 샤를은 잔다르크의 몸값을 내지 않았고, 잔다르크는 루앙 거리에서 화형당했다. 잔다르크의 나이 열아홉 살이었다. 아무도 도와주지 않았던 것은 왕의 정치적 판단에 따랐기 때문이었다고 한다.

**중세에서 근세로 넘어가는 과도기에 나타났던 잔다르크.** 잔다르크의 활약은 '프랑스'라는 국가의 틀을 이루게 했지만, 시기상조였을까? 역사의 반발에 직면한 건지도 모른다. 잔다르크는 프랑스의 상징으로 여겨졌다. 사후 500년 정도 지난 1920년, 가톨릭교회는 잔다르크를 성인의 반열에 올렸다.

## 🧭 결국 무슨 일을 한 사람이라고? - 나폴레옹

세계사에서 가장 유명한 인물이라면 뭐니 뭐니해도 **나폴레옹**이다. 교과서나 도판의 표지를 장식하는 빈도도 단연 1위다. 그런데 실제로 무슨 일을 했는지는 모르는 사람이 많다. 그를 알려면 **프랑스혁명**을 이해해야 하기에 여기서는 핵심만 간추려 설명한다.

18세기 말은 프랑스혁명이 절정에 이른 시기다. 국왕 루이 16세가 처형되고 프랑스에는 공화정이 탄생했다(→ **키워드 7**). 혁명은 끝없이 과격해졌고, 귀족과 성직자들은 차례차례 단두대로 보내졌다. **국민공회**는 과도한 정책을 추진했고, 국민은 어느새 염증을 느꼈다. 혁명이 흔들리기 시작한 것이다. 급진적인 정부가 전복되면서 1795년에는 새롭게 타협적 성격의 총재 정부가 들어섰다. 그럼에도 정국은 불안했고, 온갖 개혁으로 재정은 바닥을 드러냈으며, 정부를 전복하려는 음모가 잇따랐다. 혁명의 파급을 막고 싶어 한 주변국과의 전쟁도 이어졌다. 혁명 자체는 일단 진정되었어도 **프랑스는 안팎에서 잇따르는 문제로 인해 혼란은 끝나지 않았다.** 이때 등장한 사람이 **나폴레옹 보나파르트**다.

나폴레옹은 코르시카섬의 몰락한 귀족 집안에서 태어났다. 프랑스에서 사관학교를 졸업한 뒤에는 혁명전쟁에 참전했다. 군사적 재능을 인정받아 사령관 자리에 오른 나폴레옹은 이탈리아와 이집트 원정에서 공을 쌓았다. 원래 나폴레옹 같은 시골 귀족은 군대의 장수가 될 수 없었지만, **혁명이 진전되는 과정에서 상위 신분의 귀족이 다수 처형됨에 따라 자리**

**가 비어 있었다.** 그가 때를 잘 만난 덕분이다.

불안정한 총재정부에 정나미가 떨어진 프랑스 국민은 희대의 카리스마 지도자를 원하고 있었다. **이집트 원정** 중이었던 나폴레옹은 본국의 요청에 따라 쿠데타를 일으켜 **통령 정부**를 수립했다. **그는 제1대 통령으로 취임해 마침내 실권을 잡았다.** 나폴레옹은 혁명의 혼란을 수습하기 위해 영국 등 주변 국가들과 좋은 관계를 유지했다. 그리고 성직자를 배제한 혁명 세력으로 인해 분위기가 험악해져 있던 교황과도 화해했다. 국내에서는 공교육 제도를 확충하면서 내셔널리즘을 조장했고(→ 키워드 19) 프랑스 은행을 창설해 재정 기반도 마련했다. 그의 업적 중 압권은 **나폴레옹 법전**이다. 프랑스 민법전이라고도 불리는 이 법전은 프랑스혁명 이후의 성과를 명문화했다. **나폴레옹은 무섭도록 유능한 실무가였다.**

민중은 열광했다. 1804년에는 국민투표로 나폴레옹 1세가 황제로 즉위하며 **제1제정**을 열었다. 물론 주변 국가들은 거세게 반발했다. 나폴레옹은 정복 전쟁을 시작했고, 봉건 지배를 타파하는 자유주의와 국민국가를 표방하는 내셔널리즘의 기수가 되어, 한때는 영국을 제외한 유럽 전역을 지배하기에 이르렀다. 나폴레옹에게 호응하는 나라와 지역도 많았지만, 복종하지 않는 지역에서는 전제정치에 맞서 반란이 일어났다. 이를 억누르기 위해 **러시아 원정**을 감행했지만, 매서운 추위에 철수하게 되면서 결국 나폴레옹의 군대는 괴멸 상태에 빠졌다. 라이프치히 전투에서 패배한 나폴레옹은 엘바섬에 유배되었다.

이후 불굴의 정신을 발휘해 파리로 귀환해 한때 제정을 부활시키지만, 종국에는 워털루 전투에서 패하며 대서양 한가운데 떠 있는 세인트 헬레나섬으로 또 한 번 유배되었다. 그리고 6년 후, 유배지에서 나폴레옹은 죽음을 맞았다. **그가 가져온 자유주의와 국민주의의 조류는 19세기 세계를 휩쓸었고, 길게 보면 일본의 메이지유신도 그 흐름의 영향을 받았다고 할 수 있다.** 앞뒤 역사를 되짚어 보았으니, 나폴레옹이 전보다 훨씬 선명하게 기억에 남을 것이다.

## 벚나무를 벤 사실만 밝힌 게 아니다 - 워싱턴

**미국**은 현대 세계에서 가장 존재감이 큰 나라라 이 나라 지도자는 굉장한 영향력을 자랑한다. 이번에는 정직한 사람의 대명사로 불리는 미국의 초대 대통령 워싱턴을 미국사의 흐름과 함께 살펴보자.

미국은 원래 영국의 영토였다. 북아메리카에는 주로 네덜란드, 영국, 프랑스가 정착했다. 17세기 후반에 네덜란드는 물러났고, 영국은 동쪽 해안에 **13개 식민지**를, 프랑스는 캐나다와 루이지애나를 손에 넣었다. 18세기 중반에는 영국이 식민지 쟁탈전에서 승리하며 프랑스를 북아메리카에서 몰아냈다.

그런데 이 과정에서 상당한 자금을 쏟아부은 영국은 **그때까지 자치를 용인하던 미국 13개 식민지에 대해 과세를 시작**했다. 식민지 시민들은 참을 수가 없었다. 그들의 지배에 입 다물고 있었는데 갑자기 돈을 내라고 하니 화가 나는 것도 당연했다. 영국은 **인지세법**으로 출판물에 세금을 매겼고, **차 법**으로 영국 동인도 회사로부터 찻잎을 구매하도록 의무화했다.

반발한 미국 시민은 인지세법에 대해 "대표 없는 과세 없다"라고 외쳤고, 차 법에는 **보스턴 차 사건**을 일으켜 항구에 정박한 영국 상선에서 홍차를 바다로 내던져 버렸다. 영국 정부는 매사추세츠의 자치권을 박탈했다. 양측은 일촉즉발의 위기에 빠졌다. 식민지 측은 제1차 대륙회의에서 영국 왕의 횡포를 격렬하게 규탄했고, **1775년에는 미국독립전쟁이 발발했다.**

그러나 미국독립전쟁에 뛰어든 시민들의 의견은 하나로 뭉쳐지지 못했다. 독립을 외치는 사람도 있었고, '영국에 반발하지 않는 편이 좋다'라고 생각한 사람도 있었으며, '어느 쪽이든 상관없다'라는 중립파도 있었다. 그래서 독립파는 **'상식'**이라는 제목의 팸플릿을 발행하는 등 여론을 독립 쪽으로 유도했다.

식민지 측은 군사력 증강이 매우 중요한 과제였다. 당시 시민병은 1분 내로 소집할 수 있다는 뜻에서 '미니트맨'으로 불렸다. 빵집과 신발가게 등을 운영하던 서민들이 병사로 동원되었기에 개별 전투력은 별로였고, 조직 운영은 쉽지 않았다. 그래서 **제2차 대륙회의가 개최되었고, 워싱턴이 총사령관으로 선출되었다.** 워싱턴은 군인으로서 이름이 나 있었고, 인격자로서 신뢰를 얻었으며, 무엇보다 뚜렷한 대항마가 없었기 때문에 손쉽게 전쟁 지도자로 올라섰다. 이후 그는 병사들을 훈련했고 군 지휘 체계를 정비해 미국 시민군의 군사력을 강화했다.

미국군은 서서히 전세를 역전했다. 미국은 1776년 **독립선언서**를 발표했고, 이듬해에는 연합 규약에 따라 **미합중국**을 선언했다. 1780년대에 들어서면서부터는 미국이 승기를 잡았고, **파리조약** 체결로 독립이 승인되었다.

그 후 헌법제정의회가 열렸는데 의회는 연방파와 반연방파로 나뉘어 팽팽하게 맞섰다. 연방이라는 국가 시스템에 권한을 부여할지, 각 주의 권한을 존중할지 의견이 갈라진 것이다. 워싱턴은 대통령으로 선출되자 국무장관에 반연방파인 **제퍼슨**을, 재무장관에 연방파인 해밀턴을 앉히고 **양측의 대화를 전제로 한 정치를 펼쳤다. 철저하게 민주주의를 관철하겠다는 미국의 방향성을 제시한 것이다.**

역사 속 인물을 이해하려면, 앞뒤 역사를 짚어보아야 한다.

**패턴**

# 9

# 패권을 쥔 민족과 국가

- 팍스 ○○○

## 개요

일본의 대학수학능력시험에 해당하는 센터 시험. 그중에서도 세계사는 겉핥기식으로 준비한 학생들은 좋은 점수를 받을 수 없게 되어 있다. 계획적이고 지속적으로 노력을 한 사람이 보상받는 시험이다. 그런데 세계사에는 패턴이 있어서 그것만 알면 풀리는 문제가 있는 것도 사실이다. 이건 단순히 문제를 푸는 기술에 관한 이야기가 아니다. **수학 시험을 치려는 사람이 '공식'도 모르고 시험을 준비하지는 않으니까 말이다.** 지금까지는 '세계사의 공식'이 주목받지 못했을 뿐이다. 이제부터는 패턴을 배우고 역사 사건에 적용해 보도록 하자.

세계사에서 중요한 공식 중 하나는 패권을 잡은 민족과 국가다. 각 시대, 각 지역에서 정상에 오른 세력이 있다. '이 민족은 이 시기, 이 나라는 이 세기'라고 짚어두면 그 시대의 사건을 잘 정리할 수 있고 내용이 머리에 쏙쏙 들어올 것이다. 패턴 9에서는 패권을 장악했던 국가와 그 성쇠를 확인해 본다.

**패턴 해설**

 **수수께끼 민족이 나타났다** - '바다 민족'과 기원전 12세기

**일정 시기에 갑자기 나타나 세력을 크게 키우는 집단이 있다.** 그들의 움직임에 기존 문명이 막을 내리면 세력 분포도는 다시 쓰이고 새로운 역사가 세상을 휩쓸게 된다. 이번에는 고대 세계에 큰 영향을 준 '**바다 민족**'에 초점을 맞추어보겠다.

**기원전 1200년경, 바다 민족이 지중해 세계를 누볐다.** 민족 계통이 명확하지 않은 그들은 다양한 민족으로 구성된 혼성 집단으로 알려져 있다. 기원전 13세기경의 기후 변화와 기근이 그들의 활동을 뒷받침한 것으로 보인다.

당시 지중해에서는 에게해 주변에 **미케네문명**, 소아시아부터 메소포타미아까지는 **히타이트**, 이집트에는 **신왕국**이 번성했다. 바다 민족은 지중해 서쪽에서 습격해 와 약탈과 파괴를 반복했다. 우선은 그리스의 여러 왕국이, 그리고 히타이트가 먹잇감이 되었다. 이집트 왕조는 그들의 침

입을 받아 국력이 현저하게 쇠약해졌다. **바다 민족은 온갖 파괴 행위를 저질렀지만, 침입한 땅에 정착하지는 못했다.** 갑자기 나타나 봄날 매서운 폭풍처럼 한바탕 휩쓸고 지나갔을 뿐이다. 지중해부터 오리엔트에 이르는 지역의 여러 문명으로서는 피해를 본 것인데, 바다 민족은 결과적으로 민족 분포를 새로 썼다. 세계사를 가르치는 나로서는 기원전 1200년이라는 시점에 화제를 크게 한 번 전환할 수 있는 편리한 사건인 셈이다.

지중해는 새 시대를 맞았다. 동지중해에서는 상업이 생업인 **페니키아족**과 **아람족**이 번성했고, 팔레스타인에서는 **유대인**의 히브리 왕국이 번영했다. 메소포타미아에서는 여러 민족이 계속 분열 상태였기 때문에 통일국가는 약 500년 후에 **아시리아**가 나타날 때까지 기다려야 했다. 발칸반도에서는 그리스인의 왕국이 전멸하고, 그 후로 일정 기간은 기록이 남아 있지 않은 '암흑시대'를 맞았다. 암흑이라고 하면 왠지 절망의 시대처럼 느껴지지만, 문자 자료가 없을 뿐 사람들의 삶은 이어졌을 것이다 (→ **키워드 2**). 기원전 800년경이 되면 그리스에서는 도시국가 **폴리스**가 드문드문 나타나고, 수 세기에 걸친 신분 투쟁을 거쳐 민주정이 꽃을 피운다.

바다 민족은 도대체 누구였을까? 지금도 논의가 계속되고 있지만, 기원전 1200년경에 지중해의 수많은 문명이 그들 손에 끝났음은 분명하다. 이 파격적인 존재에는 뭔가 이상한 힘이 작용한 것은 아닌지 의심이 들 정도다.

##  모든 길은 로마로 통한다 –팍스 로마나와 2세기

고대 로마에 관해서는 앞에서 여러 번 다루었다. 이번에는 그 절정기 '**팍스 로마나**'를 살펴본다. **로마**의 역사는 전반의 **공화정**과 후반의 **제정**으로 나뉜다고 패턴 8에서 카이사르와 관련해 설명했다. **카이사르**가 활약한 **공화정 말기는 내란 때문에 정치적으로 혼란스러웠으나 로마의 영토는 오히려 눈에 띄게 커졌다.** 카이사르의 양자 **옥타비아누스**는 권력투쟁을 이겨낸 뒤, 이집트까지 정복하고 **지중해를 로마의 내해로 삼았다.** 그토록 광활한 영토를 공화정의 전통(→ **키워드 7**)만으로 지배하기는 이미 어려운 상황이었다. 원로원의 의사결정에는 시간이 걸렸고, **평민**의 의견에도 귀를 기울여야 했으니 말이다. **군사적으로나 정치적으로나 지휘 계통을 일원화하지 않으면 기능 부전에 빠질 수밖에 없었다.**

**옥타비아누스는 원로원에서 아우구스투스(존엄자)의 칭호를 받았고, 그리하여 제정은 기원전 27년에 시작된 것으로 알려져 있다.** 그는 황제로서 군사권 등 많은 권한을 장악했고, 로마는 광활한 영토에 여러 민족을 거느린 명실상부한 제국(→ **키워드 10**)이 되었다.

옥타비아누스는 양보했다. 자신을 '**제1 시민(프린켑스)**'이라 부르며 원로원과 평민회의 전통을 중히 여겼다. 이 정치체제를 **원수정**이라고 부른다. 앞서 카이사르가 독재권을 휘두르다가 공화파의 손에 암살된 전례를 명심했을 것이다. 원수정은 로마 귀족의 정치적 의사 결정권과 평민의 발언력을 모두 보장했다. 그래서 **황제, 원로원, 평민회가 서로 권력을 견제하며**

**힘의 균형을 이루었다.**

이후 몇몇 폭군도 나타났지만, 로마제정의 국력은 안정되었다. 특히 1세기 말부터 2세기까지는 '**팍스 로마나(로마의 평화)**'라고 불리는 전성기를 맞았다. 그 유능한 **오현제**가 차례로 즉위해 풍부한 농경 생산을 배경으로 부를 절묘하게 재분배했다. 제국의 수도 로마에는 각지의 속주로부터 인재와 물자가 대거 몰렸다. 촘촘하게 깔린 교통망은 '모든 길은 로마로 통한다'라는 말을 낳을 정도였다. 특히 **황제 트라야누스** 때에 이르자 제국은 최대 영토를 손에 넣고 유례없는 번영을 구가했다. **2세기는 로마의 시대라고 생각하면 된다.**

다섯 명이나 되는 현군이 계속해서 등장할 수 있었던 이유는 무엇일까? 이 무렵의 제정 로마에서는 세습 없이(→ 키워드 8) 유능한 부하를 양자로 삼아 제위를 계승하게 했기 때문이다. 한때 훌륭했던 회사가 가족 경영으로 망가지는 것을 많이 보았을 것이다. 군주 자리의 계승은 중대한 문제다. 예를 들어, 중국 **청나라**에서는 **황제**가 수많은 황태자 중 가장 총명한 자를 미리 골라 두었다가 황제가 승하하면 칙서를 개봉해 다음 황제를 결정했다. **청나라 왕조에서는 혼군이 비교적 적었던 것도 불필요한 후계 다툼이 일어나지 않아서라고 한다.**

그러나 오현제의 마지막인 **마르쿠스 아우렐리우스 안토니우스**는 자기 자식을 다음 황제로 앉히고 말았다. 단순하고 유약한 데다가 난폭한 아들이 황제라도 되면 바뀔 것으로 기대했을 수도 있다. 하지만 역시 헛된 믿음이었다. 다음 황제로 오른 코모두스는 폭정을 펼치며 로마를 혼란 속으로 몰아넣었다.

3세기에는 전 세계가 한랭화의 영향을 받았다. 농경 생산이 줄어들었고, 사람과 물자의 이동도 줄어들었다(→ **패턴 6**). 지방의 유력자들은 장원을 경영하면서 소작인을 부렸다. 농업 생산 체제는 완전히 바뀌었고, 경제는 쪼그라들었다. 지중해의 경제 활동은 쇠퇴했고, 제국은 지방분권의 양상을 띠었다. **군인황제시대**에는 각지의 군인들이 무력을 휘둘러 제위를 찬탈하는 등 **3세기 로마는 확연히 쇠퇴의 길을 걸었다.**

## 🧭 중국의 전성기는 언제? – 거대 국가와 중화사상

14억 인구를 자랑하는 거대 국가 중국. 세계사는 중국을 빼고는 말할 수 없다. 고대부터 근대까지 중화사상을 통해 동아시아의 질서를 형성해 왔으니 그 영향력이 엄청나다. 그럼, **중국의 전성기는 언제였을까?** 여러 각도에서 검증해 보자.

### 영토

한 국가의 전성기는 영토가 최대에 달한 시기일 것이다. 나는 수업에서도 **전성기를 알면 영토를 확인하라**고 가르친다. 중국의 영토가 최대에 이른 시기는 언제였을까? 현대의 **중화인민공화국**도 상당한 크기다. 중국 통일을 이룬 **진나라**도 대단하고, **원나라**도 무시할 수 없다. 그러나 중국의 전성기는 **청나라** 왕조가 아닐까?

청나라 왕조는 **강희제·옹정제·건륭제** 시기에 최고로 번성했다. 강희제는 외몽골과 티베트를 차례로 정복했고, 건륭제는 중가르와 회강 등 서역을 병합해 마침내 사상 최대 영역을 달성했다. 그 크기는 중화인민공화국을 훌쩍 뛰어넘는다. 꼭 지도에서 확인해 보기 바란다. 영토라는 측면에서 보면, 청나라야말로 중국의 최고 전성기다.

## 인구

인구를 따지면, 틀림없이 중화인민공화국이 가장 많다.

**진·청·중화인민공화국의 최대 영토**

14억 인구는 전무후무한 숫자다. 19세기부터 20세기 **산업혁명**기(→ **키워드 17**)에는 **전 세계에서 인구가 급속히 증가했으니, 전 세계 대비 비율로 따지면**

**1800년경까지의 중국이 단연 최다다.** 참고로 17세기 초 세계 인구는 약 5억 명, 19세기 전반에는 10억 명이었다. 중국은 **명나라, 청나라** 시대로 인구가 1억 5천만 명에서 약 4억 명까지 늘어났다.

청나라 때 이렇게까지 인구가 증가한 것은 신대륙의 신작물, 그러니까 고구마와 옥수수가 들어왔기 때문이다. 이 작물들은 생산 효율이 높은 데다가 중국 전역에서 재배되어 인구 증가에 공헌했다. 또 청나라 때는 인두세가 폐지되어 가족을 늘릴 수 있었던 것도 이유 중 하나였다. **인구가 늘면 국력이 안정될 것 같지만, 실제로는 그 반대다.** 과잉 개발로 인해 환경이 악화해 농민반란이 빈발하자 사회는 불안해졌다. 국외로 이주한 중국인 '**화교**'가 늘어난 것도 바로 이 무렵이다.


## 중앙집권

영토를 보나 인구를 보나, 청나라가 첫손에 꼽힌다는 사실을 확인했다. 그러나 청나라는 **여진족**이 세운 왕조로, **한족**이 아니다. 그렇다면 또 다른 측면을 살펴보자. **고도의 관료제를 확립하고 통치 기구를 만든 나라가 바로 중화 제국**이다. 그러니, 이번에는 중앙집권(→ 키워드 12)이라는 측면에서 중국의 전성기를 따져보자.

엄격한 관료제를 중국 전역에서 처음 대대적으로 시행한 시기는 **진시황**의 진나라 때다. 진나라의 **군현제**는 일원적인 통치를 실현했지만, 전통적인 봉건제를 해체했기에 지방 세력의 반발을 낳았다. 진나라가 민중의 저항으로 단명했음은 이미 설명했다(→ 패턴 8). 이어진 **전한**에서는 군현제와 봉건제를 융합해 타협한 **군국제**를 도입했지만, 중앙정부가 서서히 **제후**들의 세력을 줄여나간 끝에 무제 때에 이르러서는 완전한 군현제로 정착했다. **무제**는 서쪽과 남쪽에도 군을 설치하고 강력한 중앙집권 체제를 밀어붙였다. 중앙집권이라는 측면에서는 전한의 무제 때가 전성기라고 할 수 있을 것 같다.

**당나라** 때도 주와 현을 통해 관료제도를 유지했는데, 이민족이 거주하는 지역만큼은 자치를 용인했다. 주변 민족을 무리하게 중앙집권 체제로 밀어 넣으면 반발이 일어날 수도 있기에 그 땅의 우두머리에게 통치를 맡긴 것이었다. 이를 기미 정책이라고 하며, 이후 중국 왕조도 이 정책을 도입했다. 단, 자치를 인정하고 방임하면 군사력을 키워 제멋대로 행동할 수도 있다. 이에 당나라에서는 각 지방에 도호부를 설치해 이민족의 자치를 감독했다. <u>**중국 본토는 중앙집권, 변방에서는 자치를 용인하는 식으로 지배 방식을 바꾸었으니**</u>, 전한만큼 중앙집권이 철저하지는 않았음을 알 수 있다.

## 🧭 몽골의 충격 – 몽골인과 13세기

**아랍인**은 7세기에 **이슬람교**를 창시했으나 9세기부터는 이란인이, 11세기에는 튀르키예인이 서아시아의 주도권을 잡았다. 그들은 역할 분담이 잘되어 있었다. **이란인은 관료를 맡고, 튀르키예인은 무인이 되어 이슬람 세계를**

**이끌었다**. 이슬람 공동체에는 **칼리프**라는 최고 권위의 종교 지도자가 있었다(→ 패턴 5). 이란계 **브와이프왕조**는 대 아미르, 튀르키예계 **셀주크왕조**는 **술탄** 칭호를 칼리프로부터 받아 법의 집행자로서 이슬람 세계에 군림했다. 주도권을 쥔 민족과 그 시기를 파악해 두기만 해도 서아시아의 역사를 손바닥 들여다보듯 훤히 알 수 있다. **7세기는 아랍인, 9세기부터는 이란인, 11세기는 튀르키예인이라고 생각하자**. 그리고 13세기에 몽골인이 쳐들어왔다.

　**세계사에서 '몽골의 13세기'는 하나의 정의 같은 거라고 외워 두자. 칭기즈칸**에 관해서는 앞에서 설명했으니(→ 패턴 8). 여기서는 이후 **몽골제국**의 움직임을 살펴보도록 한다.

　칭기즈칸이 **서하** 원정 중에 사망하자, 셋째 아들 **오고타이**가 즉위했다. 그는 화베이의 금나라를 무너뜨렸으며 **부하 바투를 유럽 원정에 내보냈다**. 바투는 우선 흑해 북쪽 연안에 있던 키예프공국을 함락시킨 뒤, 다시 서쪽으로 나아가 독일과 폴란드 연합군을 물리쳤다. 몽골의 진격에 서유럽 국가들은 분명 두려움에 떨었을 것이다. 결국 오고타이의 사망으로 인해 바투는 유럽에서 철수하지만, 남러시아 평원 일대에 정착해 **킵차크한국**을 세웠다. **이로써 러시아는 '타타르의 멍에'로 불리는 몽골 지배의 시대로 접어들었다**.

　그 후 대 칸의 자리는 칭기즈칸의 넷째 아들인 툴루이의 집안으로 넘어간다. 몽케 칸 시대에는 그의 동생 **쿠빌라이**와 **훌라구**가 활약했다. **쿠빌라이는 동아시아를 노렸다**. 한반도의 고려를 복속시킨 뒤, 티베트와 윈난 지방의 세력을 평정했다. 한편, **훌라구는 서아시아로 원정을 나갔다. 바그다드** 주변에서는 그때까지도 **아바스왕조**가 세력을 유지하고 있었는데, 훌라구는 칼리프를 살해하고 1258년에 아바스왕조를 무너뜨렸다. 이란인과 튀르키예인은 이슬람교도였기에 최고의 종교 권위자인 칼리프를 죽일 수 없지만, 대다수가 비**무슬림**이었던 몽골인은 칼리프의 처형을 명할 수 있었다. 훌라구는 이란 주변에 **일한국**을 세우고 몽골인의 지배를 받게 했다. 이렇게 해서 **서아시아의 주도권은 아랍 → 이란 → 튀르키예 → 몽골로 넘어갔다.** 일한국은 **관료로 이란인을 등용했다.** 세금 징수 시스템을 일원화하고 싶었던 일한국은 이란인 재상의 권유를 받아들여 이슬람교로 개종했다(→ **패턴 4**).

이어 1260년에는 쿠빌라이가 대 칸으로 즉위한다. 그는 **대도(베이징)**로 천도하고 국호를 '원'으로 바꾼 뒤, **마침내 남송을 무너뜨리고 중국 전역을 수중에 넣었다.** 툴루이 가문의 계승에 불만을 가진 하이두가 내분을 일으켜 애를 먹기는 했지만, 결국에는 진압했다. 사한국\*은 원나라의 대 칸을 인정했고 **이에 사상 최대 영토를 자랑하는 대제국이 만들어졌다.**

지도를 보고 그 넓이를 꼭 확인해 보면 좋겠다. 영토 확대의 방향성을 대략 확인하면 학습에 도움 될 것이다. 몽골고원에서 칭기즈칸, 오고타이, 바투, 훌라구, 쿠빌라이가 어떻게 영토를 넓혀 나갔는지 짚어보기 바

---

\* 四汗國: 칭기즈 칸이 죽은 뒤, 네 왕자에게 분봉(分封)한 네 개의 변경 국가. 킵차크한국, 차가타이한국, 오고타이한국, 일한국을 이른다.-옮긴이

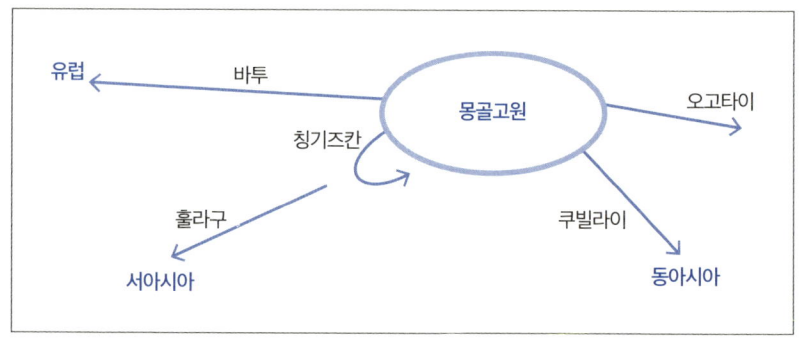

**몽골의 확대**

란다. 자세한 내용은 패턴 8에 칭기즈칸의 정복 활동 지도(214쪽)가 있으니 함께 확인해도 된다.

몽골이 단숨에 영토를 확장할 수 있었던 것은 뛰어난 군사력 덕분이기도 했지만, 상업의 발달도 한몫했다고 할 수 있다. '몽골인은 유목민 아니야?'라고 생각할 수도 있겠다. 그런데 세계사 이론이라는 측면에서 보면, **농경 생산을 기대할 수 없는 지역의 민족은 상업이나 금융업에서 활약하는 경향이 있다.** 알프스의 스위스인, 중앙아시아의 **소그드인** 등이 그렇다. 몽골인은 상업활동이 활발했고, 거기에 얻은 이득을 제국을 운영하는 데 썼다. 칭기즈칸이 나이만을 멸망시킨 것도 나이만이 통상 사절을 살해했기 때문이고, 쿠빌라이가 일본을 공격한 것도 가마쿠라 바쿠후가 무역을 거부했기 때문이다.

몽골제국에서는 내륙교역의 편의를 위해 유라시아 전역에 **잠치**라고 불리는 역전 제도를 정비했다. 역에서 말을 사육했기에 갈아탈 수 있었고, 관이 발행한 여권을 이용해 사람과 물자가 제국을 오갔다. 또 대운하를 만들어 대도(베이징)에서 강남 지방까지 수로를 연결하고 **무슬림 상인**의 돛단배 **다우**가 질주하는 해상교역으로 연결함으로써, 13세기에 유라시아의 상업 네트워크를 형성했다.

**패권국가는 상업을 장악한다.** 이 공식은 지중해 상업권을 지배한 로마제국의 사례에서도 드러난다. 이 점을 염두에 두고 다음 항목인 '주권국가의 주도권'을 살펴보자.

## 주권국가의 주도권 -스페인, 네덜란드, 영국

**주권국가란, 영토 내의 세금 징수권과 군사권, 즉 법과 무력을 장악한 국가를 말한다**(→ **키워드 13**). 16세기경부터 서유럽에서 형성되었는데, 그 과정에서 서유럽의 패권을 쥐는 국가가 나타났다.

**16세기에 전성기를 맞은 나라는 스페인**이다. 대항해 시대를 거쳐 라틴 아메리카를 거의 독점적으로 지배하게 되자, 현지의 은 광산과 대농장을 경영해 눈부시게 번성했다. 16세기 후반 펠리페 2세 때 스페인은 포르투갈을 정복해 영토가 아시아·아프리카·아메리카에까지 이르게 되어 '**태양이 지지 않는 왕국**'으로 불렸다.

그러나 번영은 오래가지 않았다. 스페인은 은 등의 귀금속 보유량을 늘리는 중금주의를 채택해 국력을 안정시키려 했지만, **오히려 은이 대량**

**으로 유입되면서 그 가치가 떨어져 국가 경제가 타격을 입었다.** 또 과도한 가톨릭 강요 정책은 네덜란드의 독립운동을 초래했고, 국고를 순식간에 압박했다. 자랑스러운 **무적함대**는 스페인의 쇠락을 호시탐탐 노리던 영국과의 해전에서 처참히 패했다. 그리하여 스페인은 패권을 네덜란드와 영국에 내주었다.

**네덜란드는 17세기 전반에 번성했다.** 조선업에 능했던 이 나라는 북해와 발트해의 상업 이권을 확보했고, 동남아시아 교역권을 포르투갈로부터 사들여 향신료 무역을 거의 독점했다. '상업을 지배하는 나라가 패권을 잡는다'라는 사실을 여실히 보여주는 예다. 네덜란드 시민들의 자유로운 상업활동이 적정한 경쟁을 촉진하자, 수도 **암스테르담**에는 사람과 물자가 모여들어 세계 금융의 중심지가 되었다. 시민들은 후원자가 되어 문화를 보호했다. 렘브란트와 페르메이르가 활약한 것도 이 시대다. 17세기 전반은 네덜란드라고 기억하자.

그러나 네덜란드의 영화도 대략 반세기 만에 막을 내렸다. 영국이 네덜란드의 중계 무역을 방해하자 17세기 중반에는 영국-네덜란드 전쟁이 발발했다. 물량 조달에서 뒤진 네덜란드는 이 전쟁에서 패했고, 이후 국력이 쇠퇴했다. 무역이 중요하다지만, **자국에 뿌리내린 산업이 없으면 어렵다는 의미다.**

영국은 원래 양모 산지였는데, '이것만으로는 부족하다!'라고 생각했던 것인지 **튜더왕조** 때는 모직물을 중점 산업으로 육성했다. 그리고 **16세기 말에는 스페인을, 17세기 후반에는 네덜란드를 물리치고 마침내 유럽의 패권**

을 잡았다. 영국이 섬나라였던 점도 유리하게 작용했다. 불필요한 영토 문제에 크게 휘말리지 않고, 바다 건너에서 대륙의 정세를 바라보다 기회를 보아 개입하는 지리적 이점을 살릴 수 있었으니 말이다.

   17세기에 **청교도혁명**과 **명예혁명**을 통해 **의회 주권이 확립되고, 시민에게 의사 결정권이 주어진 점도 주목**하자. 그들이 원하는 바가 국가의 법률이 되면서 경제 활동은 한층 더 활발해졌다. 잉글랜드 은행에서 안정적으로 통화 제도를 운용하고 국채를 발행해 전쟁 비용을 충분히 마련할 수 있었으므로 영국의 대외 전쟁은 연전연승이었다. **18세기에는 프랑스와의 식민지 쟁탈전에서 승리**했고, 대서양 삼각 무역으로 인한 막대한 이익까지 맞물리며 영국은 명실상부한 세계 패권을 거머쥐었다. **19세기에 산업혁명이 시작되자 '팍스 브리타니카'라고 불리는 안정기가 시작되었다.** 이 시기의 번영은 다음 세기에 미국이 부상할 때까지 지속되었다.


## 🧭 안정과 보수화의 관계 – 팍스 아메리카나

18세기 영국에서 독립한 **미국**은 19세기 **남북 전쟁**에 승리해 세력을 키우고 20세기에 세계 패권을 차지했다. **1920년대의 안정기는 '황금의 20년대'라고 불린다.** 제1차 세계 대전으로 유럽 국가들이 미국제 무기를 원한 덕에 미국은 전쟁 특수를 누렸다. 경제는 활황을 보였고, 중화학공업부터 경공업 상품까지 모조리 불티나게 팔렸다. **전쟁이 미국을 세계 정상에 올려**

**놓았다.** 그야말로 '**팍스 아메리카나**'라고 할 수 있다. 1920년대에는 **공화당**에서 3대 연속 대통령을 배출하며 정국이 안정되었다.

**현대 생활의 기초가 이 무렵에 다져졌다고 봐도 좋을 것이다.** 세탁기, 냉장고, 라디오가 가정에 보급되었고, 포드사의 라인 생산 방식으로 제조된 자동차가 대중화되었다. 또 재즈와 영화가 보급되고 대중문화가 꽃을 피웠다. 요즘 사람들이 이 시대의 미국으로 시간 여행을 가더라도 거부감 없이 녹아들 수 있을 것이다.

**미국은 국제적인 발언력도 얻었다.** 러시아에서 일어난 **시베리아 내전을 지원**했고, 전후 유럽의 질서로 자리 잡은 **베르사유 체제**에도 미국의 입김이 작용했다. 제1차 세계 대전 후에는 **워싱턴 체제**를 통해 일본의 세력 확장을 억제했다. 한편, **윌슨** 대통령은 자신이 **국제연맹**을 제창했으면서도 상원의 반대로 불참했다. 미국이 나서서 만들어 놓고 정작 참여는 하지 않다니 우스운 일이다. 이는 19세기 말 이후에 확대 정책을 취했던 미국이 전통적인 **고립주의 외교(먼로주의)로 되돌아갔음을 보여주는 방증**이다.

**안정의 대가로 정치와 사회는 보수화의 길을 걸었다.** 최고의 번영을 누렸으니, '더 이상 변화는 필요 없다!'라고 생각하게 된 것이다. 이에 사회의 중추적 역할을 담당한 와스프(WASP : 화이트, 앵글로·색슨, 프로테스탄트)(→ **패턴 6**)의 이익과 문화를 우선시하는 법률이 만들어졌다. 음주를 꺼리는 금욕적인 청교도 풍습에 따라 제정된 **금주법**이 그 예다. 과도한 이민(이들은 대부분 술을 즐겼다)에 대한 반발심도 있었던 것 같다.

1924년에는 이민법을 제정해 아시아계 이민을 금지했고, 동유럽과 남유럽에서 들어오는 '신 이민'도 제한했다. 이탈리아계 이민도 차별 대상이었다. 이탈리아계 무정부주의자 두 명이 살인 사건과 관련해 증거 불충분인 채 사형 판결을 받은 '사코반제티사건'도 일어났다. 미국의 대응에 세계 각지에서 비난이 들끓었지만, 두 사람은 결국 처형되었다. 보수화의 조류는 흑인에 대한 차별 의식도 자극해, 백인우월주의를 내세운 KKK단(쿠 클럭스 클랜)이 되살아나 세력을 확장했다. **안정과 보수화는 반드시 묶어서 이해해야 한다.**

그 후 미국은 1929년 **대공황**(세계공황)으로 타격을 입지만, **제2차 세계대전**을 거치면서 전후 세계의 패권을 굳건히 장악했다. 그러나 1970년대 **베트남전** 패전 무렵부터 조금씩 흔들렸다. 냉전의 종식은 '더는 지속하기 어렵다'라는 미소 양국의 판단이 일치한 결과일 것이다. 현대는 다극화 시대다. 미국이 아직 영향력을 행사하고는 있지만, 이라크와 아프가니스탄에서 철수하는 등 각지에서 일어난 분쟁에서 손을 떼고 있는 것도 사실이다. 미국은 언제까지 세계 패권을 유지할 수 있을까?

> **요약**
>
> 특정 민족과 국가가 패권을 잡은 시기를 기억하고, 깊이 있게 이해하자.

패턴
# 10
## 정치는 후원자의 뜻대로 움직인다

- 누가 정치를 조종하는가?

## ☀ 개요

정치 기능의 핵심인 '부의 집약과 분배'는 참으로 강력한 작용이다. 술자리 총무가 하는 일을 떠올려 보자. 대학교 동아리 회원 열 명을 술집으로 모아야 한다. '2차 포함 5만원'이라고 알린 다음, 음료 무한 리필 포함 39800원짜리 식당을 예약하고, 총무는 무료 서비스를 받으며, 2차는 카페에서 대충 때우면 어떨까? **수금한 50만원 중 상당한 돈이 수중에 남는다.**

범죄를 예로 든 것 같아 조금 꺼림칙하지만, 어쨌든, 의사 결정권을 쥐고 있으면 큰돈을 벌 수 있다는 사실을 이해할 수 있을 것이다. 그러니 **정치적 의사 결정권을 가진 세력에게 후원자가 접근해 자신들에게 유리한 정책을 시행하도록 압력을 가하는 것도 지극히 자연스러운 현상일 것이다.** 세계사에서 부자와 자본가는 정치 세력을 지원하면서 늘 이런저런 요구를 해왔다. 세계사에서는 일상다반사였던 이 원칙을 각지의 실례를 통해 살펴보자.

**패턴 해설**

### 콘스탄티노플을 손에 넣자! - 4차 십자군과 베네치아 상인

'**십자군**'을 모르는 사람은 없을 것이다. 유럽의 군대가 11세기 말부터 대략 200년 사이에 몇 번이고 이슬람 세계를 침공했다가 결국에는 철수한 사건이다. 이 군사행동에는 후원자가 있었다.

십자군에 관해 알아보기 위해 역사의 배경부터 확인하자. 10세기는 기후가 온난해진 시기다(→ 패턴 6). **농업 생산이 늘어나 인구가 증가하자, 유럽은 일대 팽창기를 맞는다.** 독일인들이 엘베강 동쪽 동유럽으로 이주한 '**동방 식민**' 움직임이 일어났고, 저지대 국가 네덜란드를 개척했으며, 이슬람 세력의 지배를 받던 이베리아반도의 국토 회복 운동 '**레콩키스타**'에 속도가 붙었다. **십자군도 같은 맥락에서 일어난 유럽의 영토 확대 운동이라고 생각할 수 있다.**

십자군은 성지 예루살렘을 탈환하기 위해서 일어났다. 그런데 그 시발점은 동방의 비잔틴제국이 이슬람 세력의 압박을 받은 끝에 로마교황에게 구원을 청한 것이다. 전부터 교황권 확립을 염원하던 교황 우르바누스 2세는 원조를 요청받자, 종교 회의를 열어 성지를 탈환할 십자군을 파견하기로 정했다. '젖과 꿀이 흐르는 땅으로'라는 연설이 민중의 열렬한 지지를 얻었다고 한다.

십자군은 어디까지나 군사행동이다. 이슬람 세계에 대한 서유럽의 영토적 야심이 투영된 것이지만, **선진 이슬람 문명과의 접촉은 지중해 무역의 발전으로 이어졌다.** **무슬림 상인**이 지중해 연안으로 가져오는 상품은 비단이나 유향 등 귀중한 것들뿐이었다. 특히 **향신료**의 풍미는 고기와 매우 잘 어울려 유럽인들을 매료했다. 그리하여 지중해 무역은 활발해졌고, **동방 교역(레반트무역)에 종사한 이탈리아 상인은 부를 축적했다.** 특히 **베네치아**는 국가 경제력을 탄탄하게 뒷받침했다.

1202년에 시작된 4차 십자군 때는 베네치아 상인들이 그들의 재력과 해상 교통의 노하우를 살려 프랑스 제후들을 실어 날랐다. 십자군을 지원한 것이다. 하지만 그들은 사업가다. 제후들이 운임을 내지 못할 것을 알게 되자, **목적지를 콘스탄티노플로 변경하도록 제안했다.** 십자군의 목적은 성지 예루살렘의 탈환이지만, 베네치아 상인으로서는 **유럽과 아시아를 잇는 교통의 요충지 콘스탄티노플의 상업 패권이야말로 탐이 났다.**

교황 **인노켄티우스 3세**는 격노했다. 사실 콘스탄티노플을 점령하려는 데에는 가톨릭과 **그리스정교회**로 분열된 동서의 그리스도교회를 통일한다는 대의명분이 있었다. 그렇다고 방향을 바꾸어 같은 **그리스도교** 세계를 급습하다니, 교황으로서는 받아들일 수가 없었다. **4차 십자군은 교황이 십자군을 파문하는 전대미문의 사태로 발전했다.**

십자군의 진군은 멈출 줄을 몰랐다. 마침내 콘스탄티노플을 함락시켰고, 그곳에는 가톨릭을 신봉하는 **라틴제국**이 들어섰다. 이 성공을 본 인노켄티우스 3세는 돌변해 십자군을 칭찬하며 가톨릭 신봉을 승인했다. 이는 그리스정교회의 원성을 불렀고, 동서 교회의 통일은 물 건너가고 말았다.

4차 십자군의 경위는 "돈 낸 사람은 우리다!"라는 한마디가 얼마나 강력한지를 보여준다. 이후에도 베네치아 상인의 기세는 하늘을 찌르더니, **경쟁 구도를 형성했던 제노바를 제치고 14세기에는 지중해의 상업 패권을 움켜쥐었다.**

## 🧭 후원자가 필요해? – 푸거 가문과 메디치 가문

중세 유럽의 농업 생산이 안정되고 **상업활동이 활발해진 11~12세기경에는 각지에서 도시가 발전했다**(→ **키워드 11**). 부를 쌓은 대상인들은 도시의 자치를 넘어 유럽 전체의 정치에 관여하기 시작했다. 앞에서 언급한 베네치아 상인도 마찬가지다. 중세의 억만장자라고 하면, 뭐니 뭐니해도 **푸거 가문**과 **메디치 가문**을 꼽을 수 있다. 이번에는 그 부호 가문에 대해 이야기해 보자.

푸거 가문은 남독일 아우크스부르크를 거점으로 삼은 대상인이었다. 원래는 지중해 해역과의 향신료·비단 교역이 생업이었는데, 아우크스부르크 근교에서 은광 경영에 성공하면서 거대한 부를 쌓았다. 그런 다음, 그 자금을 밑천 삼아 금융업에 손을 뻗쳤고, **신성로마제국**과 교황청에 거액의 자금을 원조하며 유럽 정치에 개입했다. 금융업이 큰 이익을 남긴 것이다.

신성로마제국은 대체로 중세 이후의 독일을 가리키며, 14세기 중반에는 **힘 있는 제후들이 합의를 통해 황제를 선출했다.** 황제 후보자들은 제후들의 눈치를 살피기에 바빴다. 그만큼 **중세 독일은 제후의 권한이 강했다.** 그래서 합스부르크 가문 출신인 스페인 왕 **카를로스 1세**는 푸거 가문에 의지해 황제 선거 자금을 마련했다. 그리고 경쟁자인 프랑스 왕 **프랑수아 1세**와의 격전에서 이기고 신성로마의 황제 **카를 5세**로 즉위했다. **이후 푸거 가문은 카를 5세가 지배하는 영토 안에서 수완을 발휘하기 시작했다.** 그 영향력으로 인해 '16세기는 푸거 가문의 시대'라고 불리기도 한다.

메디치 가문은 중부 이탈리아 도시 **피렌체**의 대상인이었다. 원래는 의약품 관련 사업을 했다고 하는데 금융으로 사업을 확대해 유럽 전역에 이름이 알렸다. 은행의 실질적인 창업자는 조반니 디 메디치다. 그는 14세기 말에 피렌체에서 은행을 개업한 뒤, 타고난 장사꾼의 자질을 발휘해 이탈리아 각지에 지점을 만들었다. 각 지점에 융자 재량권을 주는 유연한 경영 방침으로 다른 은행을 압도해 나갔다. 최대 거래처 중 한 곳은 가톨릭 교황이었다. 교황청이 로마와 남프랑스 **아비뇽**으로 쪼개지는 '교회 대분열'이 한창이었기에 **메디치 가문은 양쪽에 모두 융자를 주어 막대한 이익을 얻었다.** 교회가 대분열을 일으킨 것도 메디치 가문의 의도였을

지 모른다.

　그리하여 15세기 후반에 메디치 가문은 전성기를 맞았다. 그 기반을 마련한 이는 코지모 디 메디치다. 피렌체 보수파는 메디치 가문의 세력 확대를 두려워해 한때 추방하기도 했다. 하지만 온갖 공작을 통해 공화국에 복귀했고, 피렌체를 확실히 지배했다. 코지모는 유럽 각지에 메디치 은행의 지점을 두었고, 플라톤 아카데미를 세워 문예를 보호했다. **르네상스의 조류는 메디치 가문이라는 후원자의 존재를 빼고는 말할 수가 없다.** 코지모의 손자 로렌조 대에 이르러 메디치의 권위는 최고조에 달했고, 그 또한 르네상스의 문예가를 철저히 보호했다. **레오나르도 다 빈치와 미켈란젤로** 등 쟁쟁한 예술가들도 로렌조의 비호를 받았다. 그는 정계와도 손이 닿아 있었다. 교황 레오 10세(면죄부 판매를 허가한 교황)는 그의 차남이고, 프랑스 왕에게 시집을 와 **위그노 전쟁**의 원인을 제공한 카트린 드 메디시스는 증손녀다.

　중세 유럽에 영향을 준 푸거 가문과 메디치 가문은 **같은 시기에 몰락**했다. 특히 16세기 전반은 **이탈리아 전쟁**으로 신성로마제국과 프랑스 왕이 치열하게 다투었고, **루터**의 **종교개혁**까지 맞물려 유럽 정치가 혼란스러웠던 시기다. 푸거 가문, 메디치 가문 모두 전쟁 자금을 왕과 제후에게 빌려주었는데, 떼이는 일이 잦다 보니 자금이 회수되지 않아 큰 타격을 받았다.

　**또 두 가문이 몰락한 가장 큰 이유는 대항해 시대 이후에 일어난 상업혁명이다.** 기존에 상업의 중심은 지중해 연안이었는데, 신대륙을 정복하고 아시아 여러 지역과의 교역이 늘자, 포르투갈의 리스본, 벨기에의 앤트워프 등 대서양 연안 도시에서 상거래가 급증했다. 결과적으로 이탈리아 도시들은 쇠락했고, 메디치 가문도 예외 없이 몰락했다. 또 신대륙의 은광에서 유입된 은 때문에 유럽의 은 가격이 하락한 탓에 푸거 가문의 경제 사정은 악화 일로를 걸었다. **유럽 양대 재벌의 몰락과 함께 근세는 발전했다.**

## 부르주아의 희망 사항 -19세기 영국의 자유주의 개혁

19세기 영국의 자유주의 개혁은 세계사의 중요한 주제다. **프랑스혁명** 이후 나타난 자유주의 풍조(→ **키워드 16**)에 따라 영국에서는 다양한 제도 개혁이 이루어졌다. 이번에도 후원자들이 무엇을 원했는지를 단서로 삼아 어떤 개혁이 이루어졌는지 설명해 본다.

**산업혁명**을 제일 먼저 시작한 영국(→ **키워드 17**)에서는 **부르주아**(자본가)가 눈부시게 성장했다. 하지만 막대한 부를 축적한 그들에게는 정치 권한, 즉 선거권이 없었다. 투표를 할 수 있는 사람은 전통적 귀족과 지주였고, 그들은 전체 인구의 수 퍼센트에 불과했다. 산업 자본가는 풍부한 자금력을 배경으로 정치 세력을 원조했다. **참정권을 요구한 자본가의 바람은 서서히 정책에 반영되었다.** 그러다가 1832년에 **제1차 선거법 개정**이 이루어졌고, 마침내 **부르주아는 선거권을 획득**했다. 또 부패 선거구가 폐지되었고, 오래된 선거구의 의석은 줄이되 인구가 많은 신흥 공업 도시가 포함된 선거구에 의석을 할당했다. 이때 도시 노동자에게는 끝내 선거권이 부여되지 않아 이후로는 노동자의 선거권 획득 운동인 **차티스트 운동**이 전개되었다. 이 운동은 **사회주의 사상** 형성을 자극했다(→ 키워드 18).

공장을 경영하는 부르주아는 많은 면화를 원했다. 산업혁명은 면포 공업을 발전시키는 과정에서 일어났는데, 영국은 원자재인 면화를 인도나 북미에서의 수입에 의지하고 있었다. **동인도 회사**가 틀어쥐고 있던 인도산 면화는 가격이 비쌌다. 심지어 19세기 초 나폴레옹 전쟁과 미영 전쟁에서 비롯된 혼란으로 수입 가격이 요동치자, 부르주아는 정신적으로도 상당한 압박에 시달렸다. 이에 부르주아는 1813년에 **동인도 회사의 인도 무역 독점 폐지를 끌어냈다. 면화 거래 자유화가 시행된 것이다.** 원자재가 안정적으로 공급되자 면 제품을 값싸게 생산할 수 있게 되었고, 산업혁명은 한층 속도가 붙었다.

자본가는 노동자도 잘 관리해야 했다. 장시간 공장 노동에 종사하는 프롤레타리아의 과음은 사회 불안의 부추기는 요인이었다. 그래서 홍차를 보급해 술 대신 마시게 하고 싶었다. 하지만 당시 찻잎은 대부분 중국에서 들여왔다. 애초에 **조공무역**밖에 인정하지 않았던 중국은 무역을 제한했고, '**광저우**로 오라', '특권 상인에게 사라'는 등 요구가 많았다. 중국 무역도 동인도 회사가 독점하고 있었다. 이에 부르주아 등 시민들의 불만이 많았고, 그 결과 1833년에는 동인도 회사의 중국 무역 독점권을 해제시켜 버렸다. **동인도 회사는 아예 상업활동을 중단하고 인도 통치 기관으**

**로 탈바꿈했다.**

노동자의 배를 채워주는 밀가루는 영국 국내에서도 생산했지만, 역시 수입이 많았다. 러시아가 가장 큰 수입처였다. 러시아 곡물이 워낙 저렴했기에 영국 밀 생산 업자들의 요청으로 영국 정부는 **곡물법**을 제정해 수입 곡물에 고액의 관세를 부과했다. 수입 밀의 값이 비싸지자, 부르주아가 반발했다. 산업혁명의 발상지 **맨체스터**의 자본가들은 반곡물법 동맹을 결성하고 **곡물법 폐지**를 호소했다. 일부러 단체까지 만든 것을 보면 상당히 화가 났던 것 같다. 결국 **1846년에 곡물법은 폐지되었고 밀도 자유무역이 실현되었다.**

자유주의 무역에 관해 조금 더 이야기해 보자. 영국에는 무역을 제한하는 **항해법**이라는 법률이 있었다. 대략 설명하자면, 영국이 수입하는 상품은 영국 선박 또는 무역 상대국 선박에만 실어야 하며, 중계 무역은 허용하지 않는다는 내용이었다. 17세기에 해상 패권을 장악한 네덜란드를 견제하기 위한 시책이었는데, 19세기에 들어서서는 시대착오적으로 여겨지기 시작했다. 부르주아로서는 설탕이든 밀이든 값만 싸다면 어느 나라 배로 들여와도 상관없었다. 이에 항해법의 철폐를 요구하는 움직임을 일으켰고 **1849년에 항해법 폐지**를 얻어냈다.

지금까지 살펴본 개혁은 자유주의 개혁이라는 내용으로 수업에서 다루는 내용이다. **부르주아가 무엇을 원하는지를 알면, 정부가 어떤 개혁안을 내놓을지도 알 수 있으니 흥미롭지 않은가?**

## 🧭 부호와 민족운동 – 사우드 가문과 저장 재벌

**각지에서 일어난 민족운동에도 후원자가 존재했다.** 18세기 중반 **아라비아반도**에서는 **와하브운동**이라는 이슬람 원리주의 운동이 활발했다. **이슬람교**를 창시한 이는 **아랍인**이었지만, 이후 이슬람 세계는 이란인과 튀르키예인 왕조가 주류를 이루며 이슬람교에 그들 민족의 종교와 사상을 융합해 나갔다. 지도자 빈 압둘 와하브는 각지를 여행하면서 이슬람교가 원점에서 현저하게 벗어나 있는 것을 확인하자, 이 상황을 어떻게든 바로잡으려 **무함마드** 시대의 순수한 이슬람교, '**코란**'으로 회귀하려는 운동을 일으켰다. 이 운동에도 후원자가 있었는데, 리야드 근교의 호족 **사우드 가문**이다.

사우드 가문의 무함마드 이븐 사우드는 와하브의 양자가 되어 금전적으로 종교개혁 운동을 지원했다. 그는 와하브 신앙을 정의로 내세웠고, 이에 항거하는 움직임은 사우드 가문의 적으로 간주함으로써 아라비아반도에서 저항 세력을 제거했다. **종교의 권위를 손에 쥔 칼의 위력은 절대적**이었다. 사우드 가문의 지배가 아라비아반도 전체에 미친 19세기 초에는 와하브 왕국이 들어섰다. 이에 위기감을 느끼고 일어선 **오스만제국**의 힘에 무릎을 꿇은 적도 있으나 19세기 아라비아는 대체로 와하브파와 사우드 가문의 세력이 우세한 시대였다.

그 후 사우드 가문은 한때 몰락해 쿠웨이트로 밀려나기도 했다. 하지만 제1차 세계 대전 이후 다시 세력을 일으켜 반도에서 세력을 유지하던 히자스 왕국을 정복하고 아라비아 대부분을 통일했다. 이로써 아라비아는 사우드 가문의 손에 들어갔고, **1932년에는 사우디아라비아왕국이 건국되었다.**

**19세기는 내셔널리즘의 시대(→ 키워드 19)**였다. 1800년대 말로 접어들자, 서구 세력의 식민지 지배를 받던 아시아 각지에서 내셔널리즘 운동이 거세게 일어났다. 한편, 이 시기에는 아시아에서도 서서히 **자본주의**가 발전해 민족자본이라고 불리는 부르주아 계층이 성장했다. 그들은 민족운동의 버팀목이 되었다.

20세기 초에 들어 중국의 민족운동은 ❶구미 열강 배척과 ❷청 왕조 타도, 공화국 수립이라는 두 가지 형태로 진행되었다. 민중은 중국을 분할 점령한 열강을 몰아내는 것은 물론이고, 개혁이 지지부진했던 **청 왕조를 타도하고 새로운 국가를 세워야 한다고 생각**했다. 그 운동의 중심은 **쑨원**이 설립한 중국동맹회, 훗날 중국 국민당이었다. 그러나 **신해혁명**이 실패로 돌아가자, **군벌**로 불리는 군사 세력이 각지에서 할거해 중국을 분열 상태에 빠뜨렸고, 사회주의 정당까지 대두해 국내 혼란은 극에 달했다. 국민당이 꿈꾼 중국 통일에는 방해물이 너무 많았다.

쑨원이 사망하자 중국 국민당의 실권을 쥔 **장제스**는 강남에 일대 세력을 거느린 저장 재벌의 지원을 받았다. 장제스는 중국 남부의 광저우에서 출발해 **북벌**이라는 이름의 통일운동을 시작했는데, **각지의 군벌을 타도하기 위해 자본가의 원조를 받은 것이다.** 여기서 자본주의와 사회주의의 구조를 확인해 보자(→ 키워드 17, 18). 부르주아의 관점에서 보면, 사회주의 사상은 자신들의 입지를 뒤흔드는 위험한 사상이다. 특히 **러시아혁명**

의 영향으로 노동 운동이 전 세계적으로 활발해지고 있었다. 물론 중국에서도 **공업 도시 상하이를 중심으로 중국 공산당**의 활동이 눈에 띄게 활발해**지고 있었다**. 특히 쑨원이 사망한 해에 일어난 대규모 노동 쟁의인 **5·30 사건**은 저장 재벌의 경계심을 자아냈다.

장제스는 북벌 중이던 1927년, **거점인 난징에서 상하이로 진군해 공산당을 궤멸했다**. 이를 **상하이 쿠데타**라고 부른다. 패배한 공산당은 도시를 포기하고 농촌으로 거점을 옮길 수밖에 없었다. **장제스가 일으킨 이 정변도 후원자의 뜻에 따른 것이었다.**


## 🧭 이스라엘은 어떻게 건국되었나? – 유대인 재벌과 국제 정치

**유대인** 국가 **이스라엘**은 여러 면에서 국제 정세에 영향을 주는 나라다. 여기서는 유대인과 이스라엘의 역사를 대략 살펴본 뒤, 그들이 국제 정치에 어떻게 관여해 왔는지를 짚어본다.

먼저 **지금은 유대인이라는 '인종적'인 민족은 없다**는 사실을 이야기해 두고 싶다. 시간의 흐름에 따라 설명하자면 유대인은 원래 셈어 계열 민족으로 히브리인이라고도 불리며, 기원전 1500년경에는 팔레스타인 지방에서 활동했다고 알려져 있다. 유대인들은 '**출애굽**'과 '**바빌론유수**' 등 고난의 역사를 겪었고, **그 과정에서 유대교를 창시**했다. 그들은 유일신 야훼가 유대 백성에게 시련을 주지만, 율법을 준수하고 믿으면 구세주(메시아)

가 나타나 유대 백성을 끝내 구원할 것이라고 믿는다. 일신교, 율법주의, 그리고 선민사상이 유대교의 특징이라고 생각하면 된다. 기원전 500년경에는 교단 조직이 탄탄해져 예루살렘에 야훼의 신전을 재건했다.

유대인들은 아케메네스왕조 페르시아의 통치하에 들어갔고, 알렉산드로스 제국 이후에는 그리스인 왕조, 기원 전후에는 로마제국의 지배를 받았다. 로마의 지배를 받을 때는 신앙 유지가 대체로 인정되었지만, 무거운 세금을 견디지 못하고 마침내 반란을 일으켜 2세기에는 유대 전쟁이 발발했다. 당시 황제 **하드리아누스**는 난을 진압한 뒤, **유대인을 팔레스타인에서 추방했고, 이후 유대인은 각지를 떠돌게 되었다**(디아스포라).

유대인은 유럽에서는 서아시아, 멀리는 중국까지도 떠도는 처지였다. 그러는 동안 각지 사람들의 피와 문화가 섞였기에 **'유대인'이라고 하면 민족이 아니라 유대교 신봉자를 가리키게 되었다.** 나라가 없는 그들은 여러 도시에 거주하며 수공업과 상업에 종사했으며, **중세부터 근대에 걸쳐 곳곳에서 박해의 대상이 되었다.** 십자군 운동이 그 예다. 가톨릭에 대한 신앙이 고양되자, 이교도인 유대인에 대한 반감도 높아져 반유대 폭동이 빈발했다. **페스트**가 유행하고 레콩키스타가 부진할 때도 유대인은 학살에 가까운 박해를 받았다.

유럽에서는 그리스도교 신도들이 돈을 빌려주고 이자를 받지 말라는 가르침을 따랐기에 시중 금융업은 대부분 유대인의 차지였다. 10세기 이후에는 상업이 부활해 금융의 필요성이 높아졌는데, 고리대금업자였던 유대인들은 제 배를 불리는 데만 혈안이 되어 있었기에 가난에 허덕인 그리스도교도들의 비난이 빗발쳤다. **셰익스피어**의 『베니스의 상인』에 등장하는 고리대금업자 샤일록은 악덕하고 욕심 많은 당시 유대인의 이미지를 여실히 보여준다.

근대에 들어서자 18세기 계몽사상으로 자유주의와 **자연법**이 널리 퍼졌고, 유대인을 향한 대우도 조금은 개선되었다. 그러나 19세기 내셔널리즘의 고양은 민족주의를 불렀고(→ 키워드 19), **반유대주의가 재차 각지에서 끓어올랐다**. 19세기 말 프랑스에서는 프로이센·프랑스 전쟁에서 독일에 패하자, 그에 항거하듯 군국주의가 대두했고 반유대주의 아래에서 **드레퓌스사건**이 일어났다. 유대인 군인 드레퓌스에게 독일이 보낸 간첩이라는 누명을 씌운 이 사건으로 프랑스 사회는 드레퓌스를 처형하라는 파와 지키라는 파로 나뉘어 엄청난 혼란을 겪었다. 이에 유대인들은 이렇게 박해를 입을 바에야 안식처인 '팔레스타인으로 귀환하자', '시온 언덕으로 돌아가자!'라고 목청을 높였다. 유대인 신문기자 테오도르 헤르츨이 시오니스트 대회를 열어 전 세계 유대인들에게 호소하자, 그들은 **서서히 팔레스타인으로 이주**하기 시작했다. 이를 **시오니즘 운동**이라고 한다.

한편, 일부 유대인은 금융업으로 막대한 부를 쌓았다. 각국 정부가 머리를 숙이고 돈을 빌려달라고 부탁할 만큼 엄청난 기세였다. 특히 로스차일드 가문이 유명하다. 시오니즘 운동이 본격적으로 전개되자 영국과 미국이 유대인을 돕고 나섰다. 제1차 세계 대전으로 재정난에 허덕이던 영국은 **밸푸어선언**을 통해 **유대인의 이스라엘 국가 건설을 지지하는 대신 자금을 원조받았다**. 후원자의 눈치를 본 것이다. 이 시기에 팔레스타인에는 아랍인들이 거주하고 있었으니, 분쟁이 생기는 것도 당연했다. 영국은 팔레스타인을 위임통치령으로 삼았고, 그 땅에 유대인이 정착했다. 유대인과 아랍인과의 충돌은 더 심해졌다.

제2차 세계 대전 후에는 영국과 미국의 강력한 지원을 배경으로 1947년에 유엔이 팔레스타인 분할안을 결정했고, **이듬해인 1948년에는 이스라엘 건국이 선포되었다.** 아랍 국가들은 즉각 반발했고 이 움직임은 **제1차 중동 전쟁**으로 이어졌다. 아랍은 패배했고 100만 명 단위의 팔레스타인 난민이 발생했다. 그리고 여러 차례의 전쟁과 평화가 반복되었으나 **사태는 지금까지도 해결은커녕 오히려 악화 일로를 걷고 있다.**

## 🧭 자본이 투하된 곳 -이란 혁명과 근본주의

구미 열강이 자본을 쏟아부은(→ **키워드 20**) 나라에서는 자본주의가 격차를 증폭시켜 마침내는 사회주의혁명이 일어나는 사례가 많았다. 때로는 **근본주의 혁명이 발생하기도 했다.**

20세기 이란에서는 **팔레비왕조**가 들어섰고 **석유 이권을 탐한 영미 자본이 개발 사업에 적극적으로 뛰어들었다.** 왕조의 보수층은 영미의 움직임에 편승해 그들의 원조를 받아들였고, 이란에도 본격적으로 자본주의가 자리 잡았다. 한편, 격차가 확대될 징조가 나타나자, 위기감을 느낀 **모사데크** 총리는 영국의 국책 회사 앵글로-이란석유를 몰수하고 1951년에

**석유 국유화**를 단행했다. 자국의 부를 외국으로 빼내는 행위에 대한 당연한 조치였다. 그러나 국제 석유 시장의 반발로 모사데크는 실각했고 결국 이란의 석유는 국제석유자본의 합작회사가 관리하게 되었다.

이후 팔레비왕조에서는 국왕 팔레비 2세가 영미의 원조를 받아 진행한 서구화·자본주의화 정책, 이른바 '백색 혁명'이 전개되었다. **한 나라 정부가 후원자의 꼭두각시로 전락한 좋은 예다.** 1960년대 이란은 지금으로서는 상상할 수 없을 정도로 미국화된 나라였다.

그러나 자본주의화로 인한 민중의 격차는 임계점을 넘어섰다. 1979년에는 **시아파** 근본주의자 **호메이니**가 이란 혁명을 일으켰고, 그 결과 이란 이슬람 공화국이 들어섰다. 근본주의란, 종교의 원점으로 되돌아가자는 주의다. 자본주의로 얼룩진 이란을 바로잡고 코란의 근본 원리에 입각한 국가를 지향한다. 이란은 계율이 엄격한 나라로 유명한데, 그 배경에는 이러한 역사가 있음을 이해하자.

> 요약
>
> [ 후원자의 희망 사항이 정치에 반영되는 내용은 세계사 문제로 자주 등장한다! 후원자가 무엇을 원했는지를 떠올리면 이후 정치의 움직임을 읽을 수 있다. ]

패턴
# 11
## 대중은 선동된다
- 민주주의의 약점

### 개요

민주주의가 위험한 사상이라고 하면, '무슨 바보 같은 소리냐!'라는 비난이 쏟아질 것이다. 강력한 학교 교육을 받은 결과, **민주주의야말로 유일무이한 정치체제**이며 신성불가침한 것이라는 이미지를 갖고 있으니 말이다. 그런데 정말 그럴까?

역사를 살펴보면, 민주주의의 약점으로 인해 정치가 타락한 사례는 적지 않다. 그런 일은 보통 대중의 무지로 벌어졌다. 정치 전문가가 아닌 민중에게 정치의 바통을 넘길 때, **이른바 중우정치에 빠지는 사례가 종종 나타났다.** 물론 어느 시대나 정치를 관장하는 상위 계층의 부패가 문제이니 정치 권한을 분산하는 행위는 높이 평가할 만하지만, 그것만 가지고

'민주정이 정답'이라는 결론을 내리기는 어렵다.

**플라톤**은 민주주의의 구조적 결함을 지적했고, **히틀러**는 대중을 선동해 독재를 시도했다. 구체적인 사례를 통해 도대체 민주주의의 어떤 점이 문제였는지를 확인해 보자.

**패턴 해설**

## 민주주의는 인류가 쟁취한 권리? -아테네의 신분 투쟁

중학교 때 사회 선생님이 '민주주의는 인류가 쟁취한 숭고한 권리다!'라고 말씀하셨을 때는 별로 수긍이 되지 않았다. 아마 투표를 강조하려는 의도에서 하신 말씀이었을 것이다. 하지만 인류가 고난의 역사를 견뎌낸 것과 투표는 꼭 해야 한다는 것의 상관관계는 희박해 보였다. 애초에 숭고한 권리를 가지고 있다면 아직도 인권 침해가 자행된다는 게 이치에 맞지 않으니까 말이다. 물론 우리가 가진 현대 사회의 여러 권리는 우여곡절 끝에 획득한 것임이 분명하다. 어쨌든 고대 그리스를 예로 들어 살펴보기로 하겠다.

고대 그리스는 도시국가 **폴리스**의 세계였고, 발칸반도는 소국으로 분열해 서로 항쟁을 이어갔다. **아테네**, **스파르타**는 들어 보았을 것이다. <u>그리스에는 수많은 폴리스가 있었고, 아테네와 스파르타는 그중 하나일 뿐이다.</u>

폴리스는 원래 국왕이 통치하는 왕정이었으나 여러 도시가 기원전 8

세기경까지는 왕을 몰아내고 **공화정**을 도입했다. 농경 생산량이 많지 않았던 그리스 도시국가들은 인구가 비교적 적었기에 오리엔트의 거대 왕조와는 달리 **강력한 왕권으로 통치 기구를 유지할 필요가 없어서였다.**

공화정에서는 힘 있는 귀족이 정치적 의사 결정권을 독점했다. 이에 평민들이 참정권을 요구하는 신분 투쟁을 시작했다. 식량을 둘러싼 다툼이 끊이지 않았던 고대 그리스 세계에서 무기를 들고 싸우는 것은 평민이었고, 그들은 대부분 포도와 올리브를 재배하는 농민이었다. 이들은 자비로 마련한 무기로 무장한 **중장보병**으로서 국방을 담당했다. '**평민 = 농민 = 중장보병**'이라는 공식은 꼭 알아두기 바란다. 그리스인이 지중해 주변으로 진출해 포도주와 올리브유를 곡물로 교환하자 상업이 발전했다. 개중에는 부를 쌓는 평민도 나왔고, 애초에 국방을 담당한 것도 평민이기에 **그들이 참정권을 요구하는 것은 당연한 이치였다.**

아테네에서는 기원전 6세기경부터 신분 투쟁이 시작되었다. 그 결과, 우선 관습법을 명문화해 귀족에게만 유리하게 법을 해석하는 현상을 막았다. 나도 집안일을 할 때는 서로 할 일을 일일이 적어서 아내와의 불필요한 충돌을 피한다. 이처럼 **성문법 시스템은 사회의 질서를 바로잡는 데 도움이 된다.**

다음으로 **자산의 크기에 따라 정치 참여 수준을 정했다.** 시민을 자산 규모에 따라 네 개 등급으로 나누고 참정권과 의무를 정한 이 시스템을 **재산 정치**라고 부른다. 상업이 발전하자 평민들 사이에 격차가 생겼기에 하층 시민을 구제하기 위해 나타난 정치 형태다. 또 이 무렵에는 빚을 얻어 쓰고 **채무 노예**가 되는 평민이 생겼다. 그런데 그들은 농민이면서 중장보병이었기에 시민이 몰락하면 병력을 유지할 수 없다는 문제가 떠올랐다. 군사력 저하는 국가의 존망과도 연관되기에 결국 평민의 노예화는 금지되었다.

그 후 아테네에는 **참주**라는 비합법적인 독재자가 나타났다. 독재자라고는 해도 **평민들이 지지한 덕에 오히려 아테네의 민주화를 불렀다**. 독재는 언뜻 보면 악정처럼 보인다. 그러나 수장이 선정을 펼치면 정책이 즉각 반영되는 장점이 있다. 당시의 지도자 **페이시스트라토스**는 농업과 상업을 장려했고, 아테네 거리를 정비했으며 치안을 개선했다. **세계사에는 '선정을 펼친 독재'가 적지 않다**.

그러나 페이시스트라토스의 아들이 지도자 자리에 오르자, 정치는 혼란스러워졌다. 유능한 인물의 자식은 무능해지는 예가 있다고 설명했는데(→ 키워드 8), 그 패턴을 답습한 것이다. 그래서 다음 지도자인 **클레이스테네스**는 도편 추방이라는 제도를 만들어 참주가 될 만한 정치가의 이름을 도자기 파편에 적어 가장 많은 표를 얻은 자를 10년간 국외로 추방했다. 선출하기 위한 투표가 아니라 탈락시키기 위한 투표인 것이다. 재미있는 제도다. 현대에도 추방하고 싶은 지도자가…. 아니, 이 이야기는 그만두자.

**이 시기에 이르러 아테네 민주정의 기초는 거의 다 다져졌다**. 아케메네스왕조와는 페르시아 전쟁을 치렀고, 아테네를 중심으로 한 폴리스 연합군이 승리했으며, **페리클레스의 시대에는 민주정이 절정에 달했다**. 성인 남자가 모두 참여하는 민회에서 의사결정을 했고, 민중 법원에서는 시민이 배심원을 맡았으며, 시민 추첨을 통해 대부분의 직책을 등용했다. 최고의 민주정이라고 할 수 있겠다.

물론 현대 민주주의(또는 인민주권)는 미국독립전쟁과 프랑스혁명 이후 근대에 탄생한 간접 민주주의 제도다. 아테네의 민주정은 **직접 민주정**으로 여성과 노예에게는 참정권이 없었으니, 현대 민주주의와는 양상이 크게 다르다. 그래도 중학교 때 선생님께는 죄송한 마음이 든다. 민주주의는 인류가 쟁취한 권리라는 가르침은 참으로 감사하다. 다만, 그럼에도 함정이 있다. 이어서 아테네 민주정의 문제점을 살펴보도록 하자.

## 민주정의 위험한 향기 - 아테네 민주정의 타락

**기원전 5세기, 아테네는 쇠락의 길을 걷기 시작했다.** 정치 권한을 평민, 특히 무산 시민에게까지 보장함으로써 민주정이 완성되었지만, 정치에 밝지 않은 평민이 의사 결정권을 휘두르면서 잘못된 판단이 나오고 정치가 타락한 것이다. 페르시아 전쟁 후 다시 분쟁이 빈발한 폴리스 사회에서는 **펠로폰네소스전쟁**이라는 격렬한 내전이 발발했다. 아테네는 패배했고, 스파르타에 패권을 빼앗겼다.

아테네는 전원이 참여하는 민회에서 중요한 법률과 정책을 결정했다. 게다가 장군 이외의 관직은 추첨으로 정했기에 **평민들은 정치와 재판에 관**

**해 변론할 수 있어야 했다.** 아고라(광장)의 중심에 서서 정치에 관해 웅변하고 사람들을 설득할 수 있어야 했다는 말이다. 그래서 민주정이 발전하는 과정에서 **소피스트**라고 불리는 변론술(수사학)을 가르치는 직업 교사가 등장했다.

소피스트의 신조는 상대주의와 다원주의였다. 자연철학을 한층 더 진보시킨 방법론이기는 하지만, 한편으로는 논쟁에서 승리하기 위해 때에 따라 궤변을 늘어놓기도 했다. 그러다 보니 선동에 능한 정치인이 나타나 무책임한 발언으로 민중을 부추겼고, 펠로폰네소스 전쟁에서는 주전론을 내세워 사회를 혼란에 빠뜨렸다. 그야말로 대중에 영합하는 정치였다. 이를 중우정치라고 부른다.

이런 흐름에 항거한 3대 철학자가 있었으니 바로 **소크라테스**, **플라톤**, **아리스토텔레스**다. 먼저 소크라테스에 관해 살펴보자. 소크라테스는 상대주의를 취하는 소피스트를 비판하며 **'진리'의 존재를 주장했다.** '무지의 지'라는 말을 들어 보았을 것이다. 자신이 아무것도 모름을 알게 됨으로써 진리를 추구하라는 의미로 쓰인다. 소크라테스는 문답식 대화법을 중시했는데, 보수파 시민으로부터 청년들을 타락시켰다는 모함을 받았다. 결국 민중 재판에서 사형 판결을 받은 뒤 독배를 마시고 사망했다. 저서는 남기지 않았다.

제자 플라톤은 스승을 죽음으로 몰고 간 아테네 시민에게 분노했다. 그는 이데아론을 펼치며 철인정치를 설파했고, 철학자가 정치를 해야 한다고 주장했다. 즉, **덕을 갖춘 엘리트가 펼치는 정치가 이상사회를 실현한다고**

**주장하며 민주정을 비판한 것이다.** 아테네의 역사와 스승의 죽음을 고려하면 수긍이 가는 이야기다.

그리고 플라톤에게 배운 아리스토텔레스는 **여러 학문을 체계화해 '만학의 시조'로 불린다.** 그의 특징은 '이성'이다. 학문을 정리하고 배워가는 그의 자세 덕에 그리스 철학은 집대성되었고, 이는 이후 이슬람과 유럽의 학문에 큰 영향을 주었다. 아리스토텔레스가 '학문을 탐구하고 평민의 삶을 향상하면 민주정이 잘될 것'이라고 생각했는지는 확실하지 않다. 어쨌든 아리스토텔레스를 감싸준 **알렉산드로스**가 사망하자 그 뒤를 따르듯 다음 해에는 아리스토텔레스도 사망했고, 결국 그리스에서 오리엔트 세계는 분리되었다.

페르시아 전쟁의 승리는 그리스 민주정의 역사적 승리로 여겨지지만, 앞서 설명한 흐름을 거치며 **민주주의는 타락했다.** 완벽한 시스템은 존재하지 않는다는 사실을 가르쳐준다고 하겠다.

### 🧭 빵과 볼거리 - 시민권을 다루는 법

**공화정** 시기의 **로마**에서도 **평민**의 발언력이 확대되었다는 내용은 '패턴 8'의 **카이사르** 부분에서 설명했다. **로마에서도 평민은 농민이었고 중장보병으로서 국방을 담당했기 때문에 평민들이 신분 투쟁을 일으켜 권한을 획득해 나갔다.** 이런 흐름은 아테네와 동일한데, 로마가 그리스 세계와 달랐던 점은 영토를 눈에 띄게 확장한 결과, **점령한 영토 내에서 이루어진 농장 경영과 징세 관리에 귀족의 협력이 필수였다는 점이다.** 그런 이유로 로마에서는 평민의 지위를 향상하면서도 공화정 제도를 유지했다.

이제 평민의 몰락에 관해 살펴보자. **포에니 전쟁**에서 승리한 로마는 광활한 **속주**에서 대농장을 경영했다. 값싼 곡물이 이탈리아로 유입되자 그때까지 자작농이었던 이탈리아반도의 농민(=평민=중장보병)은 자연히 몰락했다. 그래도 평민은 신분 투쟁으로 권리를 획득한 상태였다. **원로원**의 우두머리인 **집정관** 두 명 중 한 명은 평민 중에서 선출했고, 평민회에서 정한 법률은 원로원을 거치지 않고도 국법이 되었기에 그들에게는 큰 정치 권한이 있었다. **무산 시민에게도 발언권이 있었다.** 힘 있는 사람도 평민을 함부로 다룰 수 없었다는 말이다. 그래서 로마의 정치가 혼란스러웠던 '**내란의 한 세기**'에는 힘 있는 귀족이 평민에게 '빵과 볼거리'를 제공하며 그들을 회유했다. 그야말로 대중의 인기를 얻으려는 행동이었다. 정치 지도자들이 대중의 마음을 주무른 셈이다.

이 무렵에는 로마 시민권을 얻기 위해 이탈리아반도 내 각 도시에서 반란이 발생했다. 당시의 지도자 술라는 **시민의 범위를 반도 내 모든 자유인으로 확대**해 저항을 사전에 방지했다. 시민권이 모두에게 미치자, 정치적 발언력을 갖춘 무산 시민이 빵과 볼거리를 찾아 로마로 몰려들었다. 로마의 치안과 위생 상태는 순식간에 심각해졌고, 질실강건*을 내세웠던

---

\*　質實剛健: 꾸밈없이 착실하고 심신이 건강함-옮긴이

사회는 혼란으로 빠져들었다.

또 **로마제정** 후반이었던 3세기에는 **황제 카라칼라가 로마제국 전역의 자유인에게 시민권을 부여했다.** 당시 로마는 지중해 전역을 거느린 그야말로 대제국이었다. 제국의 최대 과제는 국경을 경비할 군사력이었고, 너무나도 넓은 영토의 국경을 경비하려면 비라틴인 현지 병사를 활용할 수밖에 없었다. 그래서 **그들을 끌어들이기 위해 시민권을 남발한 것이다.**

그러나 권력을 얻은 군인들은 자신들이 황제를 뽑아야 한다고 주장했고, 그 결과 이른바 '**군인 황제 시대**'가 열렸다. 각지의 힘 있는 이들이 자립하자, 지방분권에 속도가 붙었고(→ **키워드 12**), 로마는 눈에 띄게 쇠락했다. **정치 지배계층이 대중에게 어느 정도의 권한을 부여해야 하는지가 얼마나 민감한 주제인지 알 수 있는 대목이다.**


## 🧭 여론은 언제 생겼나? – 카페가 신문을 비치한 이유

'**여론**'은 비교적 최근에 등장한 말로서 **정치, 사회적 논점과 의견을 사람들이 공유하는 상태를 가리킨다.** '사람들이 공유하는' 상황을 만들려면 정보를 나눌 도구가 필요했다. 뉴스를 정기적으로 퍼뜨리는 인쇄물, 바로 **신문**이다.

그 선구적인 형태는 고대 로마에서도 찾아볼 수 있지만, 본격적인 **활판 인쇄술**은 **구텐베르크**가 15세기 중반 이후에 개량했다. 그리고 **지금의**

**신문과 가까운 형태는 17세기 영국에서 최초로 간행되었다.** 이밖에 정치·사회·문화 문제를 전문적으로 다루는 잡지도 탄생했고, 이를 대중이 공유함으로써 여론이 형성되었다.

17세기에는 영국 도시에서 **커피 하우스**가 유행했다. 손님을 불러들이기 위해 가게 주인은 가게 안에 신문과 잡지를 비치하고 열람할 수 있게 했다. 지식인들은 뻔질나게 커피 하우스를 드나들었고, 시민들이 의견을 나누는 과정에서 여론이 형성되었다. 프랑스에서도 카페가 유행했다. 18세기 파리에서는 600개 이상의 카페가 성행했다. **프랑스혁명**의 사상적 배경도 카페에서 형성되었다고 해도 과언이 아닐 만큼 **대중의 사상이나 정치 운동을 결정짓는 중요한 역할을 했다.**

이렇게 생각하면 '**대중 선동은 카페에서, 사상 탄압도 카페에서**'라고 해도 좋을 것 같다. 이것이 아마도 정확한 표현일 것이다.

## ◎ '국민의, 국민에 의한, 국민을 위한'의 의미는?
### - 여론을 조종하는 술수

세상이 다 아는 **링컨**의 명언, '국민의, 국민에 의한, 국민을 위한 정치'는 너무 유명해서 이제는 원래 의미와는 무관하게 쓰이는 지경에 이르렀다. 이 발언은 왜 나왔고, 미국 정치에는 어떤 영향을 미쳤을까?

**19세기 중반, 미국**은 **남북 전쟁**의 발발로 나라가 존망의 기로를 맞았다. 미국은 남북의 산업구조가 달랐기에 상공업을 중심으로 삼으려는 북부와 농업을 유지하고 싶은 남부가 무역 문제와 노예제도를 놓고 부딪혔다. 특히 흑인 노예 문제에 관해서는 갈등이 심각했다. 남부는 대농장을 경영하기 위해 **흑인 노예**를 부려야 했기에 노예제도를 존속시키고 싶어 했지만, 북부의 공업 도시는 노예를 해방해 공장 노동력으로 사용하고 싶어 했기에 도무지 타협점을 찾기가 어려웠다.

처음에는 **미주리 협정**을 맺고 북위 36도 30분을 경계로 노예제를 유지하는 노예주와 노예를 해방하는 자유주를 나누기로 했다. 그러나 작가 해리엇 비처 스토의 소설 **『톰 아저씨의 오두막』**을 통해 흑인 노예의 비참한 일생을 새삼 자세히 들여다보게 된 **미국 여론은 어느새 노예해방 쪽으로 기울었다**. 위기감을 느낀 남부의 여러 주는 남부 출신 대통령 때 노예제도 존속 여부를 각 주의 판단에 맡겼다. 그러자 앞서의 노예제에 관한 경계선이 상당히 남쪽으로 설정되었기 때문에 **이번에는 잠재적으로 노예제도를 원하던 남부의 여러 주가 노예주로 돌아설 기세를 보였다**. 그런 상황에서 북부 공화당의 링컨이 대통령으로 선출되었다.

노예해방론자로 알려진 링컨이 대통령으로 취임하자, **남부의 여러 주는 미국으로부터의 이탈을 선언하고 새롭게 미연합국을 세웠다. 이는 곧 남북 전쟁으로 이어졌다**. 전쟁을 미리 준비했던 남부가 연승을 거두자, 링컨은 궁지에 몰렸다. 그래서 **링컨은 국민의 힘을 이용하기로 했다**. 먼저 서부에 대해서는 일정 기간 서부 개척지에서 농사를 지은 농민에게는 공유지의 소유권을 부여하는 법률을 제정해 서부 농민의 지지를 얻었다.

그리고 1863년에 **노예해방을 선언**했다. **노예제도의 부당함과 그들을 해방한다는 내용을 나라 안팎에 알리고 북부의 정당성을 주장한 것이다.** 여론도 움직여 북부를 지지했다. 링컨은 같은 해에 벌어진 남북 전쟁 최대 전투인 **게티즈버그 전투**에서 승리를 거두었다. 그리고 전사자 추도 집회에서 '국민의, 국민에 의한, 국민을 위한…'이라는 문구를 이용해 연설함으로써 이 전쟁이 민주주의를 지키기 위한 것임을 천명했다. 연설 당일에 링컨의 컨디션이 좋지 않아 연설은 간결하게 끝났다고 한다. 목소리도 낮았고 표정도 침통했는데, 그것이 나중에 대대적으로 보도되면서 오히려 미국 전역에 큰 울림을 주었다.

링컨은 덩치가 커서 눈에 잘 띄었고, 게다가 '정직한 에이브'라고 소문날 정도로 인품이 좋았다. 그는 **국민의 마음을 잡는 것이 얼마나 중요한지 잘 알고 있었다**고 한다. 링컨은 남북 전쟁 종전 직후 암살당한 탓에 그 후 다소 신성화되어 '위대한 해방자'로 평가받지만, **어떻게 보면 민중의 여론을 조종하는, 말하자면 극장형 정치에도 재능이 있었던 것 아닌가 하는 생각이 들기도 한다.**

### 나치스는 독일인이 선택한 것인가? – 선동자로서의 히틀러

'바이마르헌법은 당시 가장 민주적인 헌법이었다'라는 말을 들어 본 적이 있을 것이다. 제1차 세계 대전 후 독일에 세워진 **바이마르공화국**은 보통선거에 따른 의회제를 갖추었고, 노동자의 사회권도 확실히 인정하는 획기적인 인권 사상을 내세웠다. 애초에 **독일혁명**이라는 사회주의혁명(→ **키워드 18**)을 진압하고 들어선 나라였기에 **건국 당시에는 노동자에 대한 타협이 필요했다는 측면도 있었다**. 어쨌든 그런 선진적인 국가가 나치스와 **히틀러**를 낳고 말았다.

1920년대 중반 이후, **유럽**의 국제 정세는 매우 양호했다. 우선, 미국의 적극적인 투자로 독일 경제가 윤택해지자, 배상금 반환도 순조로워 영국, 프랑스와의 관계가 개선되었다. 또 유럽이 집단 안전 보장 조약을 맺었고, 1926년에는 **독일이 국제연맹에 가입**했다. 그 2년 후에는 국제 분쟁을 막기 위해 무력 사용을 금지하는 **부전조약**도 체결되었다. **제1차 세계대전에 대한 반성에서 나온 조치였다.**

그러나 그로부터 약 10년 만에 **제2차 세계 대전**이 발발하니, 인류가 도대체 무엇을 배운 건지 알다가도 모를 노릇이다. 제2차 세계 대전이 발발한 큰 원인은 1929년부터 시작된 **세계공황**이다. 미국 주가가 폭락하자, 여력을 잃은 투자자들은 차례차례 독일에 투자했던 자본을 회수했다. 이에 독일은 모처럼 회복세를 보이던 생산력이 곤두박질쳐 **공황의 직격탄을 맞았다**. 그렇게 국력이 기운 독일에는 우익 세력과 좌익 세력이 나타났다(→ **키워드 15**).

나치스의 정식 명칭은 국가사회주의 독일 노동자당이다. 제1차 세계 대전 직후 창당되었고, 히틀러는 타고난 말솜씨로 순식간에 간부로 발탁되었다. 대전 후 프랑스가 **루르를 점령**하고, 독일이 극심한 인플레이션에 빠지자, 히틀러는 뮌헨 폭동을 주도해 한때는 투옥되기도 했다. 히틀러는 옥중에서 『나의 투쟁』이라는 자서전을 써서 자신이 가진 사상을 정리했다. 그래도 국제주의가 퍼진 1920년대에는 **나치스**가 세력을 크게 확장하지 못했다.

그러나 **세계공황의 물결이 독일을 덮치자, 나치스의 기세는 하늘을 찔렀다.** 히틀러는 연설과 선전을 능숙하고도 효과적으로 이용해 독일인의 감정을 뒤흔들었다. 신문과 라디오 같은 대중매체에 영화와 음악까지 동원해 나치스가 얼마나 사리에 맞는지를 국민에게 호소했다. 그는 희대의 선동가로서 사람들을 열광의 도가니로 몰아넣었다. 당시 대통령과 집권 세력이 공황 문제를 해결할 실마리를 찾지 못했으니, 그에 대한 불만도 작용했을 것이다. **1932년 선거에서는 히틀러가 이끄는 나치스가 마침내 제1당으로 올라섰다.** **바이마르헌법**의 절차에 따라 히틀러는 내각을 조직했다.

이후 나치스의 세력 확장은 주지하는 바와 같다. 먼저 좌익 세력을 토벌했다. 국회의사당 방화 사건의 책임을 공산당에게 돌렸고, 결의안을 통과시켰다. 또 1933년 **전권 위임법**을 통해 **히틀러 내각은 무제한의 입법권을 가졌다. 이로써 바이마르공화국은 실질적으로 무너졌다.** 히틀러는 나치스 독일을 '제3제국'이라고 불렀고, 1934년에는 '**총통**'으로 취임해 대통령과 총리의 권한을 동시에 손에 넣었다. 그리고 세계는 제2차 세계 대전으로 치달았다.

## 현대 포퓰리즘의 논점 -페론, 빨갱이 사냥, 문화대혁명

현대에 들어서서도 **대중에 영합한 정치 사례는 셀 수 없이 많다**. 이러한 정치를 **포퓰리즘**이라고 부른다. 아르헨티나의 페론 대통령이 대표적 사례다. 그는 제2차 세계 대전 중 군부의 지원을 받아 정권을 장악하고 노동자의 열광 속에 대통령으로 취임했다. 군부와 노동자의 열렬한 지지를 등에 업고 정권 운영을 안정시켰다는 점에서 **대중 영합적 정치체제를 페론주의로 부르기도 한다**. 대중에 영합하는 방법은 크게 두 가지다. 정치 지배자층의 카리스마 넘치는 지도력을 이용해 국민에게 변혁을 호소하는 것과, 반엘리트·반체제를 기치로 대중운동을 부추기는 것이다. 페론은 부인 에비타의 인기도 절대적이어서 이 양쪽을 교묘하게 이용해 포퓰리즘의 전형적인 예로 남았다.

**냉전**기의 미국에서도 같은 일이 일어났다. '빨갱이 사냥'이었다. 빨간색은 공산주의를 가리키고, 사냥은 중세의 마녀사냥을 떠올리게 하는 표현이다. **냉전 초기에는 미국형 자본주의가 위기**를 맞았다. 1948년에는 체**코슬로바키아**에서 공산 세력이 정권을 잡았고, 1949년에는 **중화인민공화국**이 수립되었다. 1950년에는 **한국전쟁**까지 발발해 위기의 정점을 찍었다. 사회주의 진영의 압력이 거세진 이 시기에 **미국에서는 공산주의자를 무섭게 단속했다.**

빨갱이 사냥은 매카시 상원의원이 주도했기에 매카시즘이라고도 불린다. 매카시즘은 대중을 동원해 반공 운동을 선동했다. 공산주의를 위협으로 간주하는 여론이 고조되자 대중은 서로를 감시했다. 공산주의자는 당연히 축출의 대상이었지만, 이 풍조에 조금이라도 의문을 품으면 자유주의자라 할지라도 탄압을 받았다. 이른바 동조 압력이다. 미국에서는 반공적인 발언만 허용되었고, 정치인부터 일반 대중에 이르기까지 그 누구도 반기를 들 수가 없었다. 매카시 의원은 허위 발언과 정보 수집 과정에서 무리수가 발각되어 실각했는데, **정치인 한 사람 때문에 사회 전체가 선동되었다는 점이 흥미롭다.**

한편, 중화인민공화국에서도 대중 선동에 가까운 사건을 찾아볼 수 있다. 중국은 **마오쩌둥**을 국가주석으로 세우고 처음에는 사회주의 국가로서 순조로운 출발을 보였지만, **스탈린**이 세상을 떠난 후 소련과 사이가 틀어지면서 상황이 달라졌다. **마오쩌둥은 중국만의 독자적인 사회주의 국가를 실현하겠다며 극단적인 공산화 정책인 '대약진 운동'을 펼쳤는데, 농민의 사기 저하와 기근이 맞물려 엄청난 수의 아사자를 내고 말았다.** 이에 책임을 지고 국가주석 자리에서 물러나지만, 류사오치 같은 정치인들이 순식간에 경제를 살려내는 것을 보고 위기감에 휩싸였다. 그들은 사회주의의 이상은 일단 제쳐두고 자본주의적인 발상으로 생산력을 회복시켰다.

이에 **마오쩌둥은 권력 탈환을 시도하며 프롤레타리아 문화대혁명, 통칭 '문혁'을 주도했다.** 사회주의 이념으로 회귀하기 위해 류사오치 등을 주자파(실권파)로 단죄했고, 자본주의적이고 문화적인 것을 철저히 배제하는 대중운동을 일으켰다. 마오쩌둥은 젊은이들을 동원했다. 이들은 홍위병이라고 불렸는데 마오쩌둥의 선동에 심취해 각지의 반공산주의적 사상을 탄압하고 공산주의 실현에 불필요한 문화재를 파괴했다. 1966년 시작된 이 운동은 중국 전역을 휩쓸었다. '조반유리(造反有理, 이유 없는 반항은 없다는 뜻)'라는 구호 아래 중국은 내란 상태로 빠져들었다. **이 혼란은 마오쩌둥이 사망하는 1976년까지 이어졌고, 그런 탓에 중국 사회와 문화는 크게 정체되었다.**

일본도 제2차 세계 대전 중에는 비슷한 선동 정치를 경험했다. 코로나 유행기에도 마스크 문제 등 적지 않은 징후가 있었다. **대중이 선동되는 현상은 먼 과거의 일만은 아니다.**

### 요약

민주주의의 타락은 아테네에서 시작되었고, 세계사에서 대중이 선동된 사례는 다수 찾아볼 수 있다. 링컨은 여론을 절묘하게 조종했고, 히틀러는 대중의 지지 속에서 선거를 통해 정권을 잡았다. 현대에도 포퓰리즘으로 대표되는 대중 선동 정치 사례가 있다.

**패턴**
# 12
# 만들기보다 무너뜨리기가 어렵다

-체제 타파에 도전한 사람들

 **개요**

흔히 '만들기는 어려워도 무너뜨리기는 쉽다'라고들 하지만, 세계사는 정반대다. **무너뜨리기가 훨씬 어렵다.** 그 이유는 '패턴 1'에서 본 것처럼 체제를 유지하려는 힘이 작용하기 때문이다. 지배자 계층은 부가 모이면 그것을 움켜쥐려는 본능을 이겨내지 못하고(→ **키워드 5**), 자기 입지를 지키는 데 혈안이 되었다. 그들은 변화를 너무나도 싫어했다. **그래서 정치개혁이나 혁명의 조짐이 보이면 온갖 수단을 동원해 봉쇄했고, 이는 체제 타파의 높은 장벽으로 작용했다.**

세계사에서는 이 같은 예가 지극히 흔하지만, **그래도 체제에 도전해 역사에 이름을 남긴 인물들이 있다.** 냉정하게 세계를 바라볼 수 있는 능력, 문제를 개선하기 위한 발상, 그리고 과감하게 실행할 배짱을 가진 그들의 행동은 때로는 좌절하기도 했지만, 새로운 시대를 여는 강력한 촉매제를 제공하기도 했다. 세계 각지에 남아 있는 체제 타파의 흔적을 앞뒤 역사를 통해 짚어보자.

---

**패턴 해설**

## 눈엣가시 왕안석 – 신법과 구법의 대립

중국 **북송**은 북방 유목민이라는 긴급하고도 중요한 과제를 안고 있었다. 몽골에서는 **거란족**이 세운 **요나라**, 서역에서는 **탕구트족**이 세운 **서하**가 중국을 압박하며 엄청난 공물을 요구했다. **국고를 털어 자금을 마련하느라 북송은 늘 재정 압박에 시달렸다.** 세금이 무거워지자, 백성들의 불만은 고조되었고, 힘 있는 자들이 드넓은 토지를 소유한 것에 대해 정부가 손을 쓰지 못하면서 왕조의 지방분권화가 진전되었다. 근본적인 재정 개혁이 필요했다.

재정난에 시달리던 젊은 황제 신종은 **왕안석**이라는 인재를 발견했다. 왕안석은 강남에서 태어나 스무 살 무렵 과거에도 합격했지만, 집안 사정으로 인해 지방 관리로 일했다. 백성의 생활을 직접 살핀 그는 실정을 제대로 파악하고 있었다. 황제에게 올린 보고서인 '만언서'는 내용은 물론이고 문장까지 아름다워 명문으로 알려져 있다. 정치 천재로 이름난 왕안석은 신종의 정치고문으로 등용되었고, 1070년에는 재상 자리에 올라 재정 개혁을 주도했다.

그의 개혁은 '**신법**'이라고 불렸다. **정부의 수입을 늘리고 지출을 줄이는 것이 골자**였다. 그러려면 우선 경제 체제를 재건해야 했기에 청묘법으로 농민에게, 시역법으로 중소 상인에게 융자를 시행했다. 일반 백성에게 자금이 돌면 그들의 생산력이 커지므로, 길게 보면 세수가 증가한다는 논리다. 또 균수법으로 유통을 촉진함으로써 물자와 돈이 원활하게 돌게 했다. 모역법은 면역전을 내게 함으로써 백성의 노역 부담을 줄이는 법이었는데, 재정 낭비를 줄이는 데도 도움이 되었다. 또 보마법은 군마의 육성을 민간에 위탁하게 하는 법이었는데, 현대의 '작은 정부' 만들기와 비슷하다. 왕안석은 유능한 인물이었다. 그의 개혁 정책으로 **북송의 재정 상황과 치안은 순식간에 개선되었다.**

그러나 **급속한 개혁에 제동이 걸렸다.** 일반 농민과 상인의 생산력이 높아지면 대지주와 대상인이 손해를 봐야 했다는 점이 불씨를 제공한 것이었다. 왕안석의 신법은 특권계급의 이권을 타파해 행정의 군살을 줄이는 것이 목표였기에 **보수층은 '구법당'을 만들어 '신법당'을 공격했다.** 그는 눈엣가시였다. 물론 왕안석에게도 문제가 없었던 것은 아니다. 그는 북송의 창시자 **조광윤**의 법을 경시했고, 타인의 충고에는 전혀 귀를 기울이지 않았다고 한다. 결국 정쟁에 휘말리더니 염증을 느꼈는지 1076년에는 사직하고 고향으로 돌아가 버렸다. 신법의 성공을 보지도 않고 후진에게 정치를 넘긴 것이다.

그 후 **신종이 죽고 구법당이 정권을 잡자, 신법은 좌절되었다.** 그 소식을 고향에서 전해 들으면서 왕안석은 1086년에 세상을 떠났다. 이후로도 정쟁은 이어졌고, 정국의 혼란 끝에 반세기 뒤에는 **여진족**의 **금나라**가 중국을 침공해 북송은 멸망하고 말았다.

## 🧭 크롬웰은 금욕적인 수장이었다 –영국 역사상 유일한 공화정

'국왕'이라고 하면 어떤 사람이 떠오르는가? 사치에 빠져 제멋대로 권력을 휘두르는 폭군을 떠올리는 사람도 있을 것이다. 왕정에서는 아무래도 국왕에게 권한이 모이기 때문에 특히 전제 군주는 뭐든 하고 싶은 대로 할 수 있다. 그런데 이번에는 영국 이야기를 해 보려 한다. 영국에서는 의회제도가 발달한 덕에(→ **키워드 14**) 왕의 권력이 제한되어 있었다. 그런데도 왜 영국이 17세기 중반에 국왕을 끌어내리고 역사상 유일한 **공화정**을 수립했는지 그 자초지종을 확인해 보자.

1603년 **제임스 1세**가 즉위하면서 영국에는 스튜어트왕조가 들어섰다. 제임스 1세는 스코틀랜드 출신이었으나 혈연이라는 이유로 영국 왕으로 즉위했고, **왕권신수설**을 신봉했다. 그런데 영국 본토 출신이 아니다 보니 영국의 의회제도를 제대로 이해하지 못했고, 왕의 권한이 의회를 능가한다고 생각했다. 또 영국이 **영국성공회**를 믿으니, 의회도 성공회를 받들어야 한다고 강요했다(→ **패턴 4**). 그런데 당시 의회는 금욕적인 **청교도**가

주류였다. 이에 **국왕은 청교도를 탄압하기 시작했다.**

새 국왕으로 즉위한 **찰스 1세**는 부왕의 정책을 이어받아 청교도 탄압에 더욱 박차를 가했다. 의회는 왕의 전횡에 대해 '**권리 청원**'을 발표했고, 초조한 왕은 그런 의회를 해산해 버렸다. 그 후 국왕은 자신이 한 짓을 잊어버렸는지 북방 반란을 진압하는 데 들일 전비를 마련하기 위해 자신이 해산한 의회를 소집해 뻔뻔하게도 돈을 내놓으라고 요구했다. 물론 갈등이 빚어졌다. 왕은 재차 의회를 해산했다. 그런데 전비가 부족해 반란 진압에 실패하자 배상금을 내야 한다며 또다시 의회를 소집했다. **의회의 소집과 해산을 반복한 것**이다. 의회는 참을 수가 없었다. 1642년 마침내 청교도혁명이 터졌고, 국왕은 자리에서 내려왔다. 그리고 의회파 지도자로 나선 이가 바로 크롬웰이었다.

**크롬웰**은 젠트리, 즉 지주 계층 출신으로 런던에서 법률을 공부한 뒤 고향으로 돌아와 가문 소유의 영토를 경영했다. 그 무렵 청교도를 독실하게 믿었던 그는 1640년 의원으로 선출된 뒤, 곧바로 시작된 청교도혁명 때 유능한 군인으로 두각을 나타냈다. 성실하고 격정적 성품을 지닌 크롬웰은 타고난 지도력을 발휘해 새로운 기병대인 '철기대'를 이끌었고 네이즈비전투에서 왕당파에게 큰 타격을 입혔다. 찰스 1세는 포로로 잡혀 **1649년 처형당했으며 영국은 공화정을 수립했다.**

**크롬웰은 여러모로 철저했다.** 왕당파의 거점이었던 스코틀랜드와 아일랜드를 정복했고, 항해법을 제정해 네덜란드의 중계 무역을 방해했다. 국내에서는 대항 세력을 몰아냈으며, 스스로 '호국경'에 취임해 독재에 가까운 정치 행태를 보였다. 엄격한 청교도 신도였던 그는 국민에게 금욕적인 엄숙주의를 강요했다. 술집, 극장, 공휴일 등 많은 것이 금지되었다. **금욕적이고 엄숙한 크롬웰과 공화정에 국민은 싫증이 났다.** 영국은 뭐니 뭐니 해도 왕정의 전통이 긴 나라였으니까 말이다.

불안한 정세 속에서 아들을 후임에 앉힌 크롬웰은 은둔했고, 종국에는 감염병을 앓다가 세상을 떠났다. 아들은 우둔했고, 공화정은 곧 한계에 달했다. 결국 1660년에는 **왕정복고**를 통해 **찰스 2세**가 즉위했다. '나라를 어지럽힌 역적' 크롬웰의 무덤은 파헤쳐져 시신이 참수되는 비극을 맞았다. 그 후 왕은 다시 폭정을 거듭했고, 17세기 말에 이르러 **명예혁명**을 초래했다.

## 아무것도 이루지 못한 요제프 2세 -계몽전제군주의 고뇌

'계몽전제군주'라는 말을 들어 본 적이 있는가? 18세기 프랑스에서는 **계몽사상**, 즉 앙시앵레짐(구시대 체제)을 무너뜨리자는 이념(→ 키워드 16)이 한 시대를 풍미했다. 이에 비해 **아직도 후진국으로서 농노제가 짙게 남아 있었고 교회 세력이 정치에 개입할 수 없었던 프로이센, 오스트리아, 러시아 같은 나라는 프랑스 철학자로부터 행정 개혁 기법을 배우는 처지였다. 이 나라들은 군주가 중심이 되어 위로부터의 근대화를 추진했다.** 계몽전제군주로는 '군주는 국가 제일의 종'이라고 선언한 프로이센의 **프리드리히 2세**가 유명하다. 오스트리아의 **요제프 2세**도 그 전형적인 인물로 꼽을 수 있다.

18세기 중반 오스트리아는 대외 전쟁이 계속되면서 국력이 쇠퇴해 사회체제와 교회 근대화가 시급한 과제로 떠올랐다. 국모 **마리아 테레지아**의 시대였다. 마리아는 합스부르크 가문을 이어 오스트리아 대공 자리에 올랐는데, 여자의 몸으로 계승한 것을 문제 삼은 주변 제국과 **오스트리아 계승 전쟁**을 치러야 했다. 이 전쟁에서 오스트리아는 숙적이었던 프로이센의 프리드리히 2세에게 패해 슐레지엔이라는 자원이 풍부한 영토를 잃었다. 이 땅을 탈환하기 위해 일으킨 전쟁이 **7년 전쟁**이다. 오스트리아는 그때까지 줄곧 대립하던 프랑스와 손을 잡고 필사적으로 저항했지만, 결국 프로이센에 패하고 말았다. 바로 그 시기에 마리아의 아들 요제프 2세는 신성로마 황제로 즉위했고, 오스트리아를 어머니와 공동으로 통치했다.

**요제프는 청년기부터 프랑스 계몽사상의 영향을 받아 근대적인 개혁을 시도했다.** 목표는 프로이센의 프리드리히 2세였다. 하지만 프리드리히를 곱게 보지 않았던 어머니 마리아는 아들의 생각이 마뜩하지 않았다. 보수적인 어머니는 늘 아들을 감시했고, 그런 탓에 요제프는 자신의 이상을 실현할 수 없었다.

1780년 마리아가 세상을 떠나자, 요제프 2세는 친정을 시작했다. 1781년에는 농노 해방령을 시작으로 종교 관용령을 선포했다. 제국에 만연한 **장원**과 **농노제**를 해체하고 **그리스도교** 세력을 정치 현장에서 몰아내는 것이야말로 근대화의 핵심 과제였다. 또 관료 기구의 군살을 제거하고, 세제를 개혁했으며, 학교와 병원까지 정비하는 등 당시로서는 최첨단의 사회 정책을 펼쳤다. 나아가 제1차 **폴란드 분할**에도 뛰어드는 등 영토 확장에도 여념이 없었다.

그러나 반란이 일어났다. 토지를 소유한 귀족과 성직자들이 반발한 것이다. 헝가리와 벨기에 등 오스트리아 속령에서도 반란이 빈번하게 일어났다. **오스트리아는 마자르족과 슬라브계 민족 등 이민족을 거느린 복합국가이기 때문에 급속한 중앙집권화가 반발을 초래한 것이었다. 결국 일률적인 근대화는 장벽에 부딪혔다.** 지역적 특성으로 인해 요제프는 체제 전환에 실패했다.

결국 요제프가 1790년에 사망하자 혁신적인 개혁 조치들은 차례로 폐지되었다. **그의 계몽적인 근대화 운동은 어디까지나 위로부터의 개혁이었다. 개혁 의지는 정치 지배자층에 가닿지 못했고, 시민들에게도 아직은 성장의 여지가 있었다.** 요제프 2세는 자신의 묘비에 '선량한 뜻에도 불구하고 아무것도 성공하지 못한 사람, 여기 잠들다'라고 새기게 했다. 그의 이념은 실현되지 않았지만, 수많은 개혁 조치는 시대를 앞서간 것이 분명하다. 여담이지만, 그의 여동생이며 프랑스 왕가로 시집간 **마리 앙투아네트**가 계몽사상의 종착점인 **프랑스혁명**에서 처형당한 것을 생각하면, 여러모로 마음이 복잡해진다.

## 🧭 메흐메드 알리의 야망 – 근대국가의 꿈과 좌절

**19세기는 자유주의와 내셔널리즘의 세기**(→ 키워드 19)다. 이 흐름은 유럽뿐만 아니라 봉건 체제가 짙게 남아 있던 아시아 여러 지역으로 퍼졌다. 그 영향을 받은 각지의 용감한 이들이 낡은 체제를 타파하기 위해 일어섰다.

**이집트**는 오랫동안 **오스만제국**의 지배를 받다가 19세기에 독립을 이루었다. 이때 등장한 지도자가 **메흐메드 알리**다. 그의 어린 시절은 잘 알려지지 않았다. 알바니아의 가난한 튀르키예인 부부 사이에 태어났다는 등의 설이 분분하다. 메흐메드 알리는 20대에 오스만제국의 군인으로서 나폴레옹의 **이집트 원정**을 지켜보았다. 이때 자유주의와 민족주의의 조류가 이집트 민중 사이에도 퍼져나가고 있음을 느꼈던 걸까? **울라마**(이슬람의 종교 지도자)와 대중의 지지를 받은 그는 오스만제국으로부터 이집트 총독 자리를 받아냈다.

총독 자리에 오른 **메흐메드 알리는 이집트의 개혁에 착수했다**. 먼저 지방에서 세력을 떨치던 맘루크 세력을 토벌했다. 또 카이로를 정치의 중심지로 삼아 행정제도와 군사제도를 서구화했다. 나일강 하구의 관개 사업도 시행했고, 면화 재배를 장려해 산업을 일으키기도 했다. 그야말로 부국강병, 식산흥업을 노린 정책이었다. **아시아, 아프리카를 통틀어 이집트는 가장 먼저 근대화를 추진한 나라가 되었다.**

그렇게 해서 대외 진출과 독립 준비가 끝났다. 이집트는 오스만제국으로부터 자립한 와하브 왕국을 무너뜨린 뒤, **그리스 독립 전쟁** 때는 오스만제국을 지원했다. 군사력 증대를 확인한 다음에는 **제1차 이집트·튀르크 전쟁**(1831~1833년)에서 독립권을 쟁취했고, 나아가 시리아를 할양해 줄 것을 오스만제국에 요구했다. 봉건 체제를 타파하는 데 성공한 것이다.

그러나 **이집트가 보기에 진정한 보수 체제는 유럽 열강이었다.** 지중해와 아라비아해·인도양을 잇는 중간 지점에 자리 잡은 이집트는 인도로 가는 교역로를 원하는 영국, 흑해로부터 남하를 꿈꾸는 러시아가 서로 점령하겠다고 다투는 지역이 되고 말았다. 양국은 군사적 위협을 가하는 동시에 정보망을 가동해 이집트와 오스만제국의 정치·외교에 개입했다. **제2차 이집트·튀르크 전쟁**(1839~1840년) 때는 영국과 러시아가 동시에 오스만제국을 지원했다. 곤경에 처한 메흐메드 알리는 영국이 주도한 런던조약에서 시리아 반환 요구와 오스만제국에 복종하겠다는 조건을 받아들이는 대신 이집트 총독의 세습권을 인정받았다. **이렇게 해서 메흐메드 알리 왕조가 들어섰다.**

메흐메드 알리의 이상은 숭고했다. **이집트 출신도, 이집트인도 아닌 그가 자유주의를 내세워 이집트의 근대화를 강력하게 밀어붙였으니 말이다.** 그러나 대규모 개혁 사업과 잇따른 대외 전쟁으로 인해 이집트의 재정은 거덜 났고, 결국 영국을 비롯한 열강으로부터 자본을 받아들임으로써(→ 키워드 20) 국가 경제가 외국의 통제하에 놓이는 결과를 초래했다.

이러한 정세 속에서 만년의 메흐메드 알리는 정신 질환을 앓았고, 1848년에 총독의 지위에서 물러난 뒤 이듬해 사망했다. 이후 열강의 이집트 개입은 한층 더 거세졌다. **수에즈 운하**가 개통되자 영국은 그 주식을 매수하며 더 강하게 정치에 개입했다. 이에 군인 **우라비**는 이집트인의 힘을 모아 무력 투쟁을 벌였다. 그러나 이 반란은 진압되었고, 이집트는 정식으로 영국의 통치를 받게 되었다.

## 미드하트 파샤의 노림수 – 헌법 제정과 반발

19세기 오스만제국은 위기에 처해 있었다. **영토 축소로 인한 국가 쇠퇴 현상**이 선명했기 때문이다. 아라비아에서는 와하브 왕국, 발칸에서는 그리스의 독립을 허용했고 메흐메드 알리와의 전쟁 결과, 이집트도 사실상 독립을 이루었다. 또 영국과 통상 협정을 맺어 **산업혁명**으로 생산된 값싼 상품이 유입되자 자국 산업은 힘을 쓰지 못했다. 소아시아부터 **메소포타미아**, 지중해 동부까지를 호령하던 오스만제국의 **옛 영화는 더 이상 찾을 길이 없었다**. 국가를 되살리고 근대화하는 것이야말로 시급한 과제였다.

　19세기 중반에는 **술탄 압뒬메지트 1세**의 명령으로 **탄지마트**라는 서유럽식 근대화 정책이 추진되었다. 군사·행정·교육이 서양식으로 바뀌었는데, 이 운동은 '은혜로운 개혁'으로 불리는 '위로부터의 근대화'였다. 공업화도 상층부가 주도했기에 하층민인 일반 대중은 혜택을 받지 못했고, 국부는 철도 부설 등 자본을 제공한 서유럽 국가로 유출되었다. 보수층은 성급한 개혁에 거부감을 나타내며 반발했다. 결국 개혁이라는 이름의 근대화는 흐지부지되면서 국민의 지지를 얻지 못했다. 그럼에도 주권국가라는 개념은 **이슬람교**의 종교 규범만을 떠받들던 앙시앵레짐을 적지 않게 변화시켰다. 젊은 정치가와 군인을 중심으로 '신 오스만인'이 배출되었으며, **근대 계몽사상에 근거한 '국가' 개념이 자라났으니 말이다**(→ 키워드 16).

1876년 **압뒬하미트 2세**는 즉위와 동시에 **오스만제국 헌법**을 공포했다. 술탄은 유럽에서 학문을 닦은 젊은 관료를 등용해 헌법을 만들게 했다. 그 중심인물이 **미드하트 파샤**였다. 그는 이스탄불 태생으로 젊은 나이에 관가에 진출했고, 지방 관리를 역임하며 뛰어난 정치 수완을 발휘했다. 앞서 설명한 왕안석처럼 **지방에서 다양한 임무를 경험하면서 업무 수행력을 키운 사례다**. 장관을 뜻하는 '파샤' 칭호는 1860년에 받았다. 그 후 보수 체제를 옹호하는 사람들과 대립하면서 어려움도 겪었지만, 압뒬하미트 2세의 치세하에서 대재상에 임명되며 근대적인 헌법안의 기초를 다졌다. 그래서 이 헌법을 '**미드하트헌법**'이라고 부른다.

미드하트헌법은 아시아 최초의 헌법이라는 점에서 높이 평가된다. **대일본제국 헌법**(1889년 공포)보다 이르다. 미드하트헌법은 종교와 무관하게 오스만제국의 신민은 자유롭고 평등하다고 명시했고, 양원제 의회와 내각을 두는 등 **근대 정치 원리를 반영하는 획기적인 내용을 담았다**. 다만 이 헌법은 유럽의 침략에 대해 '우리는 러시아보다 일찍 입헌군주제를 확립했으니 입지는 대등하다'라는 점을 강조하기 위해 급조된 경향이 있고, 술탄은 군주의 권한을 제한하는 내용에 불만을 드러내며 몇몇 조항을 마음대로 추가했다.

1877년 **러시아·튀르크 전쟁**이 시작되자 압뒬하미트 2세는 '술탄이 위험하다고 간주한 인물을 국외로 추방할 수 있다'라고 추가한 조항을 들어 미드하트 파샤를 쫓아내고 말았다. 자신에게 권한을 집중시키고 싶어서였다. **술탄은 군사권을 전제적으로 장악하기 위해 미드하트헌법을 폐지했다.** 그리고 러시아·튀르크 전쟁에서 패하자, 그 책임을 미드하트 파샤에게 전가했다. 미드하트 파샤는 아라비아반도의 변방으로 유배되어 암살당했다. 생의 마지막은 비참했으나 훗날 명예가 회복되어 지금은 '튀르키예 헌정의 아버지'로 칭송받고 있다.

## 🧭 고르바초프의 고난 -보수와 혁신 사이에서

**냉전기** 소련은 극심한 정치체제의 변화를 거듭했다. **스탈린**은 엄격한 사회주의를 내세워 끊임없이 숙청을 자행했다. 다음 지도자 **흐루쇼프**는 **스탈린을 비판**하면서 대외적으로는 협조 노선을 표방했다. 이 상황을 '해빙 무드'라고 불렀는데, 결국 1962년에 **쿠바 위기**가 발생하면서 세계는 핵전쟁 일보 직전에 이르렀다. 이후 **브레즈네프**는 제한 주권론을 내세워 사회주의 탈피를 꾀하는 동유럽의 움직임을 일축하고 다시 스탈린 노선으로 회귀했다. 그렇게 세계는 1980년대를 맞았다.

이 시대는 **냉전 구도가 이미 한계에 도달해 있었다.** 미국은 재정적자와 무역적자라는 이른바 **'쌍둥이 적자'**에 시달렸고 세계 각국에 달러화 약세를 애원하는 처지였다. 한편, 소련도 비효율적인 집단 농장 방식으로 농업 생산량이 저조한 데다, 1986년 **체르노빌 원전 사고**와 관련해 소련 공산당의 은폐하려는 체질이 세계를 파멸로 몰고 갈 수 있다는 우려의 눈초리를 받는 상황이었다. 이런 가운데 서기장으로 취임한 인물이 바로 **고르바초프**다.

고르바초프는 북 코카서스의 집단 농장 태생이다. 농촌 조직의 추천으로 모스크바 대학에 진학했고, 고향의 농업 대학까지 졸업하고 나서는 공산당 관료로 출세했다. 전임 체르넨코가 병으로 사망한 1985년에 공산당 서기장으로 취임했다. 농촌 출신이면서 정부의 억압이 심한 지방에서 자란 이 새 지도자는 **기존의 엘리트 관료나 군부처럼 공산당이라는 거대 조직을 등에 업은 인물이 아니라는 점에서 주목받았다.**

고르바초프는 취임 직후, 인사를 쇄신하고 부패로 얼룩진 관료 체제를 바로잡았다. 또 체르노빌 원전 사고를 교훈 삼아 '**글라스노스트**', 즉 정보공개를 단행했다. 정보를 무턱대고 감추기만 하는 당의 체질에 칼을 대 **보도의 자유와 기밀 사항 공개를 밀어붙였다.** 이때 스탈린과 브레즈네프 시대에 숙청된 인물들의 명예도 회복해 역사를 바로잡았다. 1986년 당 대회 이후에는 공산당 체제를 근본적으로 개혁하는 '**페레스트로이카**'를 선도했다. 처음에는 침체한 경제를 살리기 위해 위로부터의 개혁을 통해 시장경제 원리를 도입했는데, 점차 정치 내부도 개혁해 선거를 통한 복수 후보자 제도까지 실현했다. 나아가 '신사고 외교'를 천명해 군축을 호소함으로써 단숨에 미소 냉전으로 인한 **긴장을 완화**했다.

아니나 다를까, 보수파의 반발이 일어났다. 그런데 동시에 당내 급진파인 **옐친** 등에게는 개혁이 미온적이라는 비판을 받았다. 고르바초프가 공산당 체제에도 신경을 쓰면서 개혁을 추진했기 때문이다. **양쪽 주장 사이에서 고르바초프는 이러지도, 저러지도 못했다.** 안타까운 일이다. 역시 만들기보다 무너뜨리기가 어려운가 보다.

1989년 냉전이 종식되자, 고르바초프는 지도력을 강화하기 위해 대통령제를 도입하고 공산당 이외의 정당을 인정하는 등 **러시아혁명** 이후 최초로 사회주의 노선을 과감하게 변화시켰다. 이에 보수파는 **1991년 쿠데타**를 일으켜 **고르바초프를 연금했다.** 러시아가 공산당 독재로 돌아갈 수도 있는 상황에 전 세계는 충격을 받았다. 그러나 옐친을 비롯한 군부와 시민들의 반발로 쿠데타는 실패했다. 이후 공산당은 해체했지만, 개혁의 물결에 **소련은 무너졌고**, 고르바초프는 대통령직에서 물러났다. 후에 정계 복귀를 꾀했으나 성공하지 못했고, 러시아의 우크라이나 침공을 바라보며 2022년에 병사했다.

> **요약**
>
> 체제 타파를 시도한 인물들의 행동에 대해서는 그 배경부터 후대에 미친 영향까지 앞뒤 역사를 이해해 두자.

## 참고문헌

『メソポタミア文明入門』(中田一郎／岩波ジュニア新書／2007年)

『シュメル―人類最古の文明』(小林登志子／中公新書／2005年)

『ペルシア帝国』(青木健／講談社現代新書／2020年)

『新・ローマ帝国衰亡史』(南川高志／岩波新書／2013年)

『世界の歴史1　人類の起原と古代オリエント』(大貫良夫ほか／中央公論社／1998年)

『古代インド』(中村元／講談社学術文庫／2004年)

『フランス史10講』(柴田三千雄／岩波新書／2006年)

『都市の文明イスラーム』(佐藤次高・鈴木董編／講談社現代新書／1993年)

『秦漢帝国』(西嶋定生／講談社学術文庫／1997年)

『中世ヨーロッパの歴史』(堀越孝一／講談社学術文庫／2006年)

『物語 韓国史』(金両基／中公新書／1989年)

『古代ギリシアの歴史　ポリスの興隆と衰退』(伊藤貞夫／講談社学術文庫／2004年)

『新版 経済の仕組み100話』(岸本重陳／岩波ジュニア新書／1994年)

『人間・始皇帝』(鶴間和幸／岩波新書／2015年)

『十字軍と地中海世界』世界史リブレット107 (太田敬子／山川出版社／2011年)

『イギリス近代史―宗教改革から現代まで』(村岡健次・川北稔編著／ミネルヴァ書房／2003年)

『ソフィストとは誰か?』(納富信留／ちくま学芸文庫／2015年)

『オスマン帝国　繁栄と衰亡の600年史』(小笠原弘幸／中公新書／2018年)